PROJETOS SOCIAIS EM PAUTA

UM ROTEIRO DE CONSTRUÇÃO COLETIVA

Dados Internacionais de Catalogação na Publicação (CIP)
(Jeane Passos de Souza – CRB 8ª/6189)

Kisil, Rosana
    Projetos sociais em pauta : um roteiro de construção coletiva / Rosana Kisil. – São Paulo : Editora Senac São Paulo, 2020.

ISBN 978-85-396-3178-0 (impresso/2020)
e-ISBN 978-85-396-3179-7 (ePub/2020)
e-ISBN 978-85-396-3180-3 (PDF/2020)

1. Projetos Sociais 2. Desenvolvimento de projetos sociais 3. Projetos sociais : Sustentabilidade 4. Projetos sociais - Gestão de conflitos 5. Gestão de projetos : Captação de recursos 6. Empreendedorismo social 7. Desenvolvimento social I. Título.

20-1096t   CDD – 658.404 658.048
                                 BISAC BUS101000

Índices para catálogo sistemático:
1. Projetos sociais - Desenvolvimento 658.404
2. Empreendedorismo Social 658.048

ROSANA KISIL

PROJETOS SOCIAIS EM PAUTA

UM ROTEIRO DE CONSTRUÇÃO COLETIVA

EDITORA SENAC SÃO PAULO – SÃO PAULO – 2020

ADMINISTRAÇÃO REGIONAL DO SENAC NO ESTADO DE SÃO PAULO
Presidente do Conselho Regional: Abram Szajman
Diretor do Departamento Regional: Luiz Francisco de A. Salgado
Superintendente Universitário e de Desenvolvimento: Luiz Carlos Dourado

Editora Senac São Paulo
Conselho Editorial: Luiz Francisco de A. Salgado
Luiz Carlos Dourado
Darcio Sayad Maia
Lucila Mara Sbrana Sciotti
Jeane Passos de Souza

Gerente/Publisher: Jeane Passos de Souza (jpassos@sp.senac.br)
Coordenação Editorial/Prospecção: Luís Américo Tousi Botelho (luis.tbotelho@sp.senac.br)
Márcia Cavalheiro Rodrigues de Almeida (mcavalhe@sp.senac.br)
Administrativo: João Almeida Santos (joao.santos@sp.senac.br)
Comercial: Marcos Telmo da Costa (mtcosta@sp.senac.br)

Edição e Preparação de Texto: Heloisa Hernandez
Coordenação de Revisão de Texto: Luiza Elena Luchini
Revisão de Texto: Albertina P. L. Piva
Projeto Gráfico e Editoração Eletrônica: Veridiana Freitas
Capa: Veridiana Freitas
Ilustração de Capa: IRStone/Adobe Stock
Impressão e Acabamento: Gráfica CS

Proibida a reprodução sem autorização expressa.
Todos os direitos desta edição reservados à
EDITORA SENAC SÃO PAULO
Rua 24 de Maio, 208 – 3º andar – Centro – CEP 01041-000
Caixa Postal 1120 – CEP 01032-970 – São Paulo – SP
Tel. (11) 2187-4450 – Fax (11) 2187-4486
E-mail: editora@sp.senac.br
Homepage: http://www.livrariasenac.com.br

© Editora Senac São Paulo, 2020

SUMÁRIO

NOTA DO EDITOR 7

PREFÁCIO 9

INTRODUÇÃO 11
    O QUE É PROJETO E O QUE É PROPOSTA 11
    ONDE HÁ FRUTOS NA ELABORAÇÃO DE PROJETOS? 12

PARTE I CONCEITOS FUNDAMENTAIS 15
1. **PROVOCANDO MUDANÇAS** — SOMOS SISTEMAS VIVOS 17
2. **SUSTENTABILIDADE** — UM GANHO EXTRA DE ENERGIAS 21
3. **COLETIVIDADE** — TRABALHAR EM GRUPO É UM MEIO NATURAL DE CONSTRUÇÃO 25
4. **FACILITAÇÃO E LIDERANÇA** 27

PARTE II A ELABORAÇÃO DO PROJETO 33
5. **ETAPAS** 35
    CICLO DE VIDA DE PROJETOS 40
    ETAPA 1 QUAL É A QUESTÃO CENTRAL DO PROJETO? 42
    ETAPA 2 ANÁLISE SITUACIONAL 46
    ETAPA 3 IDENTIDADE DO PROJETO 52
    ETAPA 4 OBJETIVOS DE RESULTADOS 55
    ETAPA 5 PLANO DE AÇÃO E ORÇAMENTO 61
    ETAPA 6 PLANO DE AVALIAÇÃO 79

PARTE III O ECOSSISTEMA DE PROJETO 91
6. **SUSTENTABILIDADE DO PROJETO** 93
    A EQUIPE DE UM PROJETO 97
7. **O AMBIENTE DA CAPTAÇÃO DE RECURSOS** 101
    QUEM PODE SER UMA FONTE DE RECURSOS? 103
    DE QUAL TIPO DE APOIO O PROJETO PRECISA? 106
    COMO FUNCIONAM ESSAS FONTES DE RECURSOS? 107
    O QUE DIZ A LEI? 109
    A SELEÇÃO DAS FONTES DE RECURSOS 110

REFERÊNCIAS 113

***LINKS* DE INTERESSE** 117

NOTA DO EDITOR

Rosana Kisil retoma neste livro a vertente da elaboração de projetos e destaca a importância dos grupos de iniciativa, valorizando o coletivo, a necessidade de facilitadores e liderança para motivar e estruturar o grupo em prol de um mesmo objetivo.

Dessa forma, a autora propõe atividades em grupo para abrir diálogo e definir coletivamente cada etapa do projeto e explica como redigir uma proposta a patrocinadores e apoiadores. Na parte final, há ainda conteúdo sobre governança, inovação e fontes de recursos para a sustentabilidade de projetos.

Com o propósito de estimular o desenvolvimento de projetos sociais, culturais e ambientais, este lançamento do Senac São Paulo é dirigido a todos os grupos de iniciativa, a fim de facilitar a dinâmica de trabalho, gerar subsídios para a elaboração de propostas e viabilização das atividades.

PREFÁCIO

E a mulher subiu alguns degraus no quintal de sua casa e foi ver suas plantas. Final de tarde, hora do pensamento. Pensava no tempo que já havia vivido e no seu envolvimento com tantos trabalhos. Ela própria durava mais do que os tantos começos e fins de projetos passados... E se deu conta de que tinha de fazer de novo. Tinha de fazer diferente. E, olhando as plantas, percebeu. Olhou suas folhas, suas raízes, suas flores e, em algumas, seus frutos. Viu que elas não podiam ser chamadas folhas, pois eram mais do que isso. Nem podia chamá-las de flores, pois também eram mais do que isso. E os frutos, mesmo carregando toda a carga de genes para fazer uma nova planta, não... não eram a planta. Raízes? Outra parte. E cada parte carregava o todo, mas não era o todo. E o todo era indescritível, mesmo que descrevesse cada parte.

Assim a mulher percebeu que poderia juntar partes pequenas e, mesmo assim, não enxergar a planta. A planta não era a descrição de cada parte... era outra coisa. Era um acontecimento por si, íntegro, contínuo, cheio de identidade e força individual. Podia ver a natureza de uma planta nas suas partes, mas não podia ver a planta se ficasse apenas concentrada em cada parte. Foi assim que a mulher percebeu tudo o que havia feito e o que ainda faria. E olhou a "planta toda" de seu trabalho com o grupo a que pertencia. Conflitos e dilemas rápidos passaram por sua mente e teve nova visão, longe e larga.

Iria inovar. Iria começar novo trabalho com sua gente.

Desta vez, olhando a planta toda.

Fui atraída a escrever sobre projetos desde há muito, quando percebi que eram pequenos degraus na escalada do desenvolvimento de cada grupo, cada coletivo que se lançasse na aventura de criar, de ter coragem para realizar coisas, de alavancar comunidades para novos estágios e conquistas. Assim se deu minha intimidade com o verbo "elaborar".

Elaborar é trazer do espírito à consciência. É ir buscar ideias lá no mundo delas, onde elas apenas esperam que alguém as encontre. Há algo mais idílico e promissor para o ser humano? Aonde iríamos, sem acessar o grande arsenal de ideias que está disponível para nós? Não posso imaginar algo mais humano do que isso – o buscar ideias –, ainda mais quando se trata de um movimento coletivo. Eis a beleza e o desafio deste livro.

Na Introdução, trazemos um pouco do contexto atual dos projetos no âmbito da sociedade civil, com discernimentos importantes sobre diferentes setores: governo, iniciativa privada e organizações não governamentais – ONGs. A Parte I apresenta conceitos básicos de sustentabilidade e de planejamento. Já a Parte II aborda as etapas de elaboração de projetos à luz da sustentabilidade, é o método, propriamente dito. A Parte III versa sobre o ambiente de vida dos projetos – a prática da gestão sustentável e os recursos que podem existir para financiá-los.

Organizamos nesta publicação um conteúdo teórico e prático. Esperamos que este volume de informações seja método e argumento para você e seu grupo de iniciativa. Conto com você, leitor: busque novidades, complemente os passos aqui demonstrados com seus próprios passos, inventados a partir da inspiração crescente da alma quando se tem a coragem de começar algo.

Boa leitura!

INTRODUÇÃO

O QUE É PROJETO E O QUE É PROPOSTA

A palavra "projeto" vem do latim *projectum* – algo lançado à frente. Num esforço de definição, a ONU disseminou em 1984 em vários âmbitos – publicações, cursos, apoios técnicos – que **"um projeto é um empreendimento planejado que consiste em um conjunto de atividades inter-relacionadas e coordenadas, com o fim de alcançar objetivos específicos, conforme os limites de tempo e de orçamento preestabelecidos"**.

Um projeto surge em resposta a problemas e/ou oportunidades concretos, identificados por pessoas que se incomodam com eles. Se não houver incômodo, não haverá projeto, pois não há motivo para buscar soluções onde não há problemas.

Por isso, na raiz de qualquer projeto estão os problemas que afetam determinado público. E, como tentativa de resolvê-los, as pessoas têm ideias de solução. O próximo passo é transformar essas ideias em ações, colocando em prática algo que mude a situação-problema. Para tanto, são necessários pessoas e recursos materiais. Pronto, aí estão os elementos de um projeto:

1. problemas / oportunidades;
2. ideias de solução;
3. ações;
4. pessoas;
5. recursos materiais.

Nesse contexto, um bom projeto tem de se mostrar capaz de comunicar sua ideia em um documento escrito, que será sua apresentação para potenciais financiadores e parceiros, caso haja necessidade de obter recursos externos. A ideia do projeto se transforma, assim, em uma **proposta** para um terceiro. A proposta é o documento de apresentação do projeto a um agente de apoio, que pode ser financiador ou apoiador.

Se a proposta for aprovada por algum financiador, significa que ele compreendeu o programa de trabalho pretendido, percebeu sua importância e perspectivas de êxito. Em outras palavras, há credibilidade quanto aos objetivos do projeto/organização e há possibilidades de sucesso. Todo apoio solicitado na proposta (dinheiro, materiais, assistência técnica, etc.) deve ser comunicado à fonte de recursos de forma exata e objetiva, especificando para quê e quando. Na Parte II, veremos como se elabora uma proposta bem-estruturada.

ONDE HÁ

FRUTOS NA

ELABORAÇÃO

DE PROJETOS?

No comprometimento coletivo. Elaborar um projeto social e/ou ambiental não é só escrever um documento no papel; é, antes disso, definir ideias e desejos de melhoria, em um processo de trabalho participativo. Fazendo isso, o grupo entende o que é trabalhar em conjunto, sente os benefícios e gosta. Assim, adquire o hábito saudável de compartilhar e envolver pessoas em cada parte da construção da organização social. As pessoas envolvidas têm um comprometimento maior do que tinham antes, sentem-se responsáveis pelos resultados da organização e passam a tratar o público-alvo com um sentimento lapidado pelo processo racional do trabalho, melhorando sensivelmente os processos internos.

Nas possibilidades de financiamento. A probabilidade de obter dinheiro e apoio externo para patrocinar os serviços de uma organização aumenta muito quando o projeto está bem elaborado, pois os financiadores querem estar certos de que a organização sabe qual é a causa motivadora e seu grau de identificação com ela, aonde quer chegar, como chegar, quem vai trabalhar nela e quanto custa tudo. Querem saber do impacto social, das mudanças que podem ser previstas, das responsabilidades financeiras. Fica bem mais fácil conseguir financiamentos se sua organização consegue reunir essas informações em um bom documento de proposta de projeto.

No ambiente interno. Ao discutir abertamente ideias e papéis, a compreensão das pessoas aumenta, os conflitos diminuem e os pontos críticos podem ser abordados com clareza. Quando há conflitos e crises organizacionais crônicas, o processo de elaboração de projeto faz com que aflorem paulatinamente as divergências e dificuldades internas, impedindo o grupo de encontrar soluções eficazes. Se o processo é bem monitorado, com a privacidade e a tranquilidade merecida, o grupo pode sair de um cenário desconfortável para uma situação de decisões e acordos cooperativos na equipe de trabalho.

Na gestão organizacional. O projeto escrito é uma ferramenta de trabalho, um instrumento gerencial. A organização do projeto em um documento auxilia todos na compreensão de etapas de trabalho e responsabilidades pessoais. Um projeto é uma unidade administrativa dentro da instituição — tem seus próprios planos, custos, equipes, e seu documento ajuda a gerenciar processos:

estratégias, procedimentos nos serviços, resultados no público, nas finanças e com as pessoas. O gestor da entidade social vai ser muito beneficiado se em sua organização se instalar o hábito de elaborar projetos das iniciativas que surgirem.

Este é um livro-manual. Seu uso permite encorajar grupos de iniciativa a aplicar um método de elaborar projetos e fortalecer a gestão. Sugiro ao leitor percorrer rapidamente o índice e se familiarizar com a estrutura do livro – dar uma olhada nos capítulos, ir, voltar, e depois "mergulhar" de vez nas etapas de trabalho, para, enfim, sentir-se "em processo de elaboração de projeto". Aproveite esta experiência com a sua equipe.

Parte I

Conceitos fundamentais

1.
Provocando mudanças

SOMOS SISTEMAS VIVOS

O conceito de *sistemas abertos*, vindo das ciências naturais, mostra que há uma essencial troca de energia entre o meio interno e externo a um sistema, evitando assim o esgotamento da sua energia interna.

Aplicada à ciência social, a teoria dos sistemas abertos mostra que a estrutura interna de cada organismo depende, em alguma medida, de suas relações com as estruturas externas a ele. Fôssemos um sistema fechado, seríamos independentes de forças externas; mas, não... a sociedade humana é de natureza aberta, viva, precisa da troca entre indivíduos, entre grupos, entre povos para evoluir.

Uma ONG (organização não governamental), uma empresa privada ou um órgão público... são sistemas sociais. Uma família, um grupo de vizinhos, um coletivo cultural... são sistemas sociais. Seria um erro pensar que apenas as ONGs são organismos da sociedade civil. Vamos abrir o pensamento e compreender que, quando falamos de sistemas vivos, estamos nos referindo a um sistema que compartilha de funções e processos e que se alimenta, consome energia e produz. Nós, seres vivos, homens, plantas, bichos, fomos concebidos como sistemas abertos.

Somos organismos ou conjuntos de organismos – organizações – com dependência aguda do meio no qual vivemos. Um biólogo dos anos 1950, Von Bertalanffy (1950 apud KATZ; KAHN, 1966) ajudou a construir uma linha de raciocínio para compreender por que os processos biológicos (natureza viva) funcionam como sistemas abertos que trocam energia com o meio externo. É precisamente essa troca que faz com que sejam mais viáveis do que os sistemas fechados, pois podem reciclar energia e EVOLUIR.

Ora, a sociedade não apresenta ciclos predeterminados... Ela vai construindo seu futuro, acumulando conhecimento, aprendendo algo novo, comunicando tudo em várias linguagens e em tempos diferentes, conforme sua cultura e localização. Por isso fica difícil mapear todas essas variáveis e prever o que vai acontecer quando as pessoas simplesmente... vivem. Mesmo sem ser previsível, qualquer sistema aberto apresenta algumas características-padrão, que nos dão pistas de como funcionam. E essas pistas permitem-nos atuar a favor de sua evolução. Chamamos esses padrões de *propriedades dos sistemas abertos*. Vamos ver apenas alguns deles.

Importação de energia. Sistemas abertos sempre importam energia. Organizações sociais também precisam de suprimentos de outras instituições, de pessoas, do ambiente físico e de seus recursos.

Transformação. Sempre há trabalho executado. As pessoas transformam alimento, as organizações transformam insumos em produtos ou serviços.

Ciclos de eventos. O padrão dos eventos é cíclico. As estruturas sociais não têm fronteiras físicas definidas e estáveis, mas suas partes funcionam em um padrão de forma e ritmo em eventos coletivos que se acham estruturados. A estrutura social é um conceito mais dinâmico do que estático, e as atividades coletivas existem de modo que haja uma unidade completa de cadeia de eventos cíclicos, ou seja, que se repetem, mas sem ser necessariamente idênticos (só similares, em direção aos mesmos resultados). Identificar estruturas sociais implica observar os eventos, a partir do seu ciclo completo: a energia que entra e sua transformação até o ponto de produção de resultados.

Entropia negativa. Sistemas estão sempre buscando deter o processo entrópico. O processo entrópico é uma lei natural universal – todas as formas de organização se dirigem para a desorganização ou morte, porque esgotam sua energia interna. A única possibilidade de salvação é adquirir entropia negativa, importando mais energia do que gastando e armazenando o saldo. As organizações sociais farão o mesmo e ainda melhor do que as estruturas biológicas, pois têm um raciocínio qualitativo que lhes permite deter conscientemente processos de perda e quase que indefinidamente controlar a entropia.

Finalidade. Cada sistema tem uma finalidade específica e sua busca é alcançá-la. Mesmo partindo de condições diferentes, cada um deles pode atingir o mesmo estado final – seu produto-fim –, e por uma variedade de caminhos. Aplicado às organizações, vemos que as trilhas do seu desenvolvimento são muitas e flexíveis para lidar com situações e condições diferentes das usuais, mas sempre em direção ao seu propósito.

Autopreservação em homeostase dinâmica. O sistema busca manter o estado interno firme e vive em equilíbrio dinâmico, mas estável, ou seja, entra energia e sai o produto do trabalho, mas o ganho e a perda se mantêm em quantidades estáveis, para garantir seus ciclos de produção de energia. Para mudar algo, o sistema aberto tem de buscar energia adicional, e essa nova carga de energia vai alimentar o trabalho extra de alterar os processos internos. Então ele tem de selecionar e permitir a entrada da energia extra que será integrada às funções em exercício – se ele identifica uma entrada que pode ser benéfica, então a deixa entrar; se não, não deixa. Isso é feito para ganhar vantagem na aquisição de recursos do meio e maximizar suas funções internas.

Autotranscendência. É a capacidade do sistema de **participar de algo maior do que ele**, ou seja, evoluir para além de sua configuração e modo de trabalho, ainda que esse além seja desconhecido por ele.

A autopreservação e a autotranscendência estão sempre em tensão: quanto mais um sistema se mantém estável e imutável, menos consegue servir em comunhão com outros sistemas. E então há menos troca de energia, o que traz novamente o perigo de esgotamento energético. A vida evolutiva só é assegurada quando há equilíbrio entre as duas propriedades – o desequilíbrio pode destruir ou deformar um sistema aberto, fazendo-o se alienar em um trabalhar isolado e abaixo de sua capacidade ou se fundir com outro sistema que lhe tira identidade, dissociando suas forças naturais, fazendo-o desaparecer.

A acomodação dessa dicotomia não é simples. O constructo (conjunto de conceitos) da sustentabilidade nos orienta para elementos que favorecem a longevidade e a força de nossos projetos, quebrando um pouco a atitude de autopreservação de forma controlada e permitindo transcender os modelos institucionalizados, e buscar novas maneiras de trabalho. É a passagem dinâmica do que **É** para o que **SERÁ**.

2.

Sustentabilidade

UM GANHO EXTRA DE ENERGIAS

Compreendendo a sustentabilidade como um meio de existir em longo tempo e com funcionamento saudável, temos a inovação como um elemento fundamental para driblar a entropia. Mas, como dar consciência a um grupo social sobre o movimento que precisa fazer para adquirir cargas novas de energia e assim alavancar as mudanças necessárias, driblando a tendência de manter padrões de funcionamento?

A sociedade é inteligente e percebeu logo que esgotaria sua energia globalmente. O setor que primeiro percebeu isso foi o econômico, e não o ambiental, como muitos acreditam.

Em 1962 houve o lançamento do livro *The rich nations and poor nations*, de Barbara Ward, economista britânica, que defendia a ideia da divisão das riquezas dos governos prósperos com os não prósperos, em uma perspectiva mais integrada entre economia e ambiente no mundo. Mas o conceito do *desenvolvimento sustentável* foi mesmo firmado no relatório divulgado em 1987 sob o título de *Nosso futuro comum* (1991), que apontou o conceito como saída para "atender às necessidades das gerações presentes sem comprometer o atendimento das necessidades das gerações futuras", definindo três eixos de atenção para esse novo modelo de desenvolvimento: **proteção ambiental, crescimento econômico** e **equidade social**. Este relatório avaliou aspectos que mereciam ser tratados por meio de cooperação internacional: economia internacional, população, segurança alimentar, espécies e ecossistemas, energia, indústria e crescimento urbano.

Ao contrário do senso comum, sustentabilidade nunca foi apenas "coisa de ambientalista". Schmidheiny (1992) reuniu a *expertise* de mais de duzentos líderes de corporações multinacionais e elaborou estudos de caso para demonstrar boas práticas que pudessem guiar os empresários para contribuírem com as metas cruciais do desenvolvimento sustentável. Perguntas como: "Indústria e ambiente são incompatíveis? Princípios ecológicos podem ser integrados às forças de mercado, produção e investimentos?" foram endereçadas e tratadas.

O World Business Council for Sustainable Development – WBCSD (2019) conta hoje com a participação de 70 conselhos de negócios, que representam 200 mil companhias de vários setores, que ao todo faturam anualmente US$ 8,5 trilhões e geram 19 milhões de empregos diretos. No Brasil, foi fundado em 1997 o CEBDS – Conselho Empresarial Brasileiro para o Desenvolvimento Sustentável, cuja missão é promover a transformação prática de mercados, empresas e profissionais, aliando os negócios e a sociedade para um país sustentável. O CEBDS tem grandes grupos de empresas associados, com faturamento de mais de 40% do PIB e mais de 1 milhão de empregos diretos, conforme informações disponíveis no *site* institucional.

A evolução de nossa sociedade nos trouxe até o ponto em que sustentabilidade e coletividade estão juntas e presentes na atitude consciente do ser humano. Vamos então nos familiarizar com elementos da sustentabilidade, que são pilares para alavancar mudanças.

■ **Inovação.** Consiste na adoção de novos conhecimentos ou modos de operação, reconhecidos e adotados pela sociedade – mercado, governos, ONGs. A emergência de novas ideias e seu uso concreto nas operações delimitam a capacidade de inovação, que implica ser flexível, adaptável, renovável e cruzar fronteiras, aplicar novidades no cotidiano.

Depois de compreender as propriedades dos sistemas abertos, deu para ver como é difícil inovar, porque a tendência é repetir os ciclos. O que pode ajudar um projeto a ter sustentabilidade é trabalhar com elementos que facilitem sua evolução contínua.

■ **Governança.** Trata-se da capacidade de gerenciar decisões, processos e riscos na implementação de ações, tanto no centro como na periferia das operações. É a governança que faz com que aquilo que é decidido no centro de uma organização seja colocado em prática na periferia dela.

■ **Gestão social.** É o gerenciamento de interesses que estão envolvidos em uma ideia, em uma iniciativa de projeto. É verificar os ganhos e perdas de cada ator implicado e onde estarão as maiores mudanças de poder envolvidas. É coordenar a informação e organizar sua distribuição. É engajar pessoas e organizações de forma a garantir o equilíbrio de interesses e o uso do capital intelectual e social.

■ **Gestão ambiental.** O impacto de cada ação no ambiente interno ou externo de um projeto precisa ser avaliado e qualificado. Positivo ou negativo, o impacto tem de ser medido e controlado, no sentido da economia de recursos energéticos e da escolha consciente de insumos operacionais.

■ **Gestão e impacto econômico.** É a capacidade de monitorar a situação econômica interna e externa a um processo. Internamente, significa manter saúde financeira – produzir bons resultados e evitar perdas, de forma a operar dentro do orçamento com eficiência e ainda produzir ganhos. Externamente, significa conseguir mobilizar capital externo ao projeto, revelando impacto positivo no ambiente do entorno da iniciativa.

Agregando esses elementos, teremos uma natureza sustentável em qualquer iniciativa que fizermos. É possível manter esse trabalho vivo? Essa é a pergunta que um bom planejamento de projeto tenta responder.

3.

Coletividade

TRABALHAR EM GRUPO É UM MEIO
NATURAL DE CONSTRUÇÃO

Em grupo é mais difícil, mas em grupo é mais fácil!

Isso mesmo.

Sozinho vai mais rápido. Você dita o processo e resolve com mais agilidade. Desgasta menos porque a lógica individual favorece a tomada de decisão rápida, a escolha de caminhos. Afinal, os processos da vida de uma pessoa são cheios de escolhas individuais, de predileções individuais, de modos individuais de vida. E custa menos. Então, qual o problema? Qual o problema de elaborar um projeto sozinho?

A resposta não é complicada: é que os projetos acontecem em organismos sociais, isto é, em fluxos orgânicos vivos, cheios de forças diversificadas, em permanente movimento, e essas forças precisam ser orquestradas, ritmadas, sintonizadas em um equilíbrio dinâmico para que produzam resultados. Fazer sozinho torna a ideia mais pobre, e a execução, mais arriscada. Diminui a coesão da força de trabalho e torna o ato de implementar e operacionalizar o projeto muito difícil, já que os envolvidos não tomaram consciência da realidade subjacente às ideias do projeto.

Durante a elaboração do projeto é que se cria a responsabilidade coletiva sobre ele. Projetos que conseguem efetivamente agregar ideias e força de trabalho têm maior probabilidade de sucesso. Não se pode esquecer que a operação de um projeto é trabalhosa e exige mãos e mentes resolvendo problemas e potencializando oportunidades. Longe de ser um documento no papel, um projeto é um processo de trabalho, uma cadeia de produção feita por pessoas. À noite as pessoas vão dormir e o projeto tem de esperar elas acordarem para continuar existindo. O que dá alma e força a qualquer iniciativa são as pessoas.

O processo metodológico que este livro sugere para a elaboração de projetos implica uma oscilação entre ordem e caos: dá vazão às ideias, mas canaliza a força construtiva inerente a cada uma.

Trabalhar em conjunto, respeitando os princípios e fluxos combinados, adquirindo continuamente aptidões técnicas, emocionais e sociais, em uma gestão eficiente e compartilhada, é uma configuração imprescindível na nascente do projeto, seu momento de elaboração. Aí está a chave de superar várias ameaças que podem fazer ruir uma iniciativa: conflitos, pouco financiamento, divergências crônicas, influências de poder e outras. Uma elaboração coletiva faz o discurso de todos os envolvidos ser mais forte, mais compreensível, com mais repertório, alinhado e praticado com mais espontaneidade por todos, e não só pelas lideranças.

Isso tudo é muito importante na hora de dialogar com parceiros e facilita a gestão – o cronograma e os papéis que cada um pode desempenhar, conforme o orçamento planejado, permitindo gerenciar e monitorar tudo o que acontece.

4.
Facilitação e liderança

Antes de iniciar a elaboração de projeto, você, que está na liderança e no papel de facilitar o método e cuidar dele, deve atentar para alguns pontos.

Facilitar um processo criativo exige calma e vontade de fazer a diferença para o grupo, independentemente da própria opinião. Nem sempre o facilitador é a liderança do projeto, aliás, melhor que não seja, pois será muito difícil para alguém que lidera uma ideia conseguir se distanciar e se desapegar dela para permitir que o grupo agregue seus pensamentos.

A verdadeira liderança permite descentralizar a inventividade e inclui um facilitador de diálogos para alcançar profundidade nos questionamentos, sem medo de que ideias contrárias tomem corpo. Também dá espaço para os talentos dos outros e cria um movimento interno no grupo, ajudando na criatividade e na participação de todos.

As lideranças colocam o facilitador do grupo atento às lacunas de conteúdo, à fidelidade entre o que se quer e o que se está fazendo. O líder gera outros líderes, que conduzem por si ideias e ações específicas, e a responsabilidade fica compartilhada entre todos, resultando em um ambiente de comprometimento e equilíbrio entre atitude individual e busca coletiva.

O facilitador provoca o grupo a sonhar alto, idealizar, arriscar. E desafia o grupo a organizar desde o sonho até a concretização. Se o facilitador permitir uma idealização "pobre", o projeto ficará sempre aquém das reais possibilidades que teria.

Um dos maiores obstáculos para a criatividade é a burocracia; ela determina limites muito pesados para tudo, e isso "mata" a fecundidade do sonho. Hora de elaborar projetos é hora de derrubar limites de formulários pré-moldados, é hora de romper fronteiras, sentir-se corajoso para ir além, ousar, imaginar resultados e ter engenhosidade audaciosa. Liberdade de expressão e reuniões bem facilitadas abrem portas para a qualidade imaginativa e para a singularidade de propostas.

Interessante é que muitas vezes se confunde *comprometimento* com *consentimento*. Pessoas que discordam ou questionam a conjuntura, as ideias vigentes e as condições de trabalho podem ser facilmente vistas como "encrenqueiras". Nós não partimos desse pressuposto. O grupo de elaboração de projeto é um grupo de criatividade e tem de ter pessoas livres e, ao mesmo tempo, comprometidas com a missão coletiva. A instituição que consegue obter de seus membros essa atitude ganha em todos os aspectos, desde confiança mútua à qualidade final. Quando se está comprometido, aceitam-se riscos, exposições. Faz parte do processo.

Competência técnica. O facilitador de um processo de planejamento de projeto tem de cuidar para que informações importantes estejam disponíveis para todos. Não adianta o processo ser altamente participativo e entusiasmado apenas; precisa discutir sobre bases técnicas verdadeiras, sobre informações legítimas e atualizadas, sobre dados objetivos de contexto social, científico e tecnológico. Por exemplo, se é o caso de um projeto sobre educação, o facilitador não tem de ser necessariamente um pedagogo; se é um projeto de saúde, não precisa ser médico... mas precisa se certificar de dar luz a informações fidedignas, que sirvam de base para o grupo pensar.

Pode acontecer que dentro do grupo não haja um especialista no assunto. Está bem, deixe o grupo procurando informações e verifique a possibilidade de convidar pessoas que já viveram casos semelhantes para aprender delas e criar referências. Pesquise, é papel do facilitador provocar a busca por dados novos e confiáveis que possam ser compartilhados. Visitas técnicas a outros projetos podem ser muito úteis também, colocando a equipe em processo de atualização profissional e aprendizagem, enquanto pensa em seu projeto.

O vazio. Às vezes a iniciativa de se elaborar um projeto é precedida por um contexto de crise e de se dar conta de que algo não está funcionando bem, precisando ser melhorado ou mudado. Às vezes, é durante o processo de elaboração que surge esse vazio. Não se assuste. Aguente firme. Ciclos de perda e ganho de coerência ou ritmo podem ser responsáveis pelo surgimento de algo novo. Vazios são como bênçãos de criação... angustiantes por um curto espaço de tempo, mas, férteis por um bom tempo futuro.

O líder de processos criativos tem de se sentir à vontade com o vazio. Suportar o silêncio do grupo, esperar até que surja algo verdadeiro e legítimo, algo que carregue a energia coletiva em sua essência e que, por causa disso, é a ideia correta. Isso pode exigir a paciência de um sábio. Saber provocar as discussões é importante, mas tão importante quanto isso é saber atravessar silêncios e perguntar ao grupo e a si mesmo o que aquilo significa.

O novo. O facilitador de elaboração de projetos deve compreender que o novo nasce sozinho, não é criado *a priori* por ninguém. Não adianta, portanto, tentar tirar ideias à força. Tem, sim, é que dar as condições para vir à tona o que já é vivo.

Criar um projeto a partir "do nada" pode ser mais fácil do que reformar um preexistente. Isso porque, quando algo já existe, há uma resistência à mudança (lembre-se da *autopreservação*), e perde-se muito tempo gerenciando as pessoas que querem manter tudo sempre igual e as que querem tentar algo novo e diferente. Às vezes, parecem dois exércitos contrários, disputando quem tem razão e quem tem poder. O resultado desse embate pode ser o abandono da ideia nova, e isso é frustrante para todos, inibindo próximas tentativas de inovação.

O melhor a fazer, nesses casos, é dar lugar à energia das novas ideias e negociar o tamanho das mudanças com o exército da manutenção. Isto só se faz se houver uma boa projeção de resultados esperados com as inovações, explicitando o que se ganha com as novidades em relação ao que já existe. Com dados objetivos e muito respeito pelas pessoas é possível negociar a mudança.

Negociação de ideias. Como fazer?

Primeiro... observar. Falas, expressões, argumentos recorrentes. As pessoas não gostam de admitir seus medos em relação a mudanças, pois isso as faz parecer covardes, então não espere isso delas. Melhor é ouvir os argumentos contrários a uma nova ideia com muita paciência e respeito, e só depois de fazer isso umas três ou quatro vezes será possível perguntar: do que têm medo? Aí, sim, vai descobrir o que é objeto de negociação. Quais os interesses que não estão sendo contemplados e como devem ser tratados no grupo? Quem está perdendo o quê com as ideias novas? O que pode ser deixado para trás? O que deve ser realçado nas discussões?

CASO

Era o final de uma oficina de projeto. Rodada de avaliação, última sessão dos trabalhos de dois dias. E foi aí que descobri o verdadeiro motivo do medo da mudança que estava em discussão: a equipe que queria continuar com o modelo de trabalho antigo se sentia sobrecarregada há anos, pois toda vez que lhe era imposta uma novidade, vinha uma carga de trabalho adicional sem qualquer ajuste na infraestrutura — nem em tecnologia nem em recursos humanos, número de funcionários ou aperfeiçoamento profissional. O que sempre aconteceu foi que os profissionais mais preparados acabaram por assumir mais e mais funções, sem qualquer reconhecimento salarial ou promoções de carreira. Era essa a história verdadeira que se repetia há anos. O que tínhamos ali era, na verdade, uma equipe traumatizada e resistente a novidades.

Tão logo compreendemos o motivo da resistência, começamos a trabalhar não mais na discussão do modelo que o projeto propunha, mas na estrutura que a proposta exigia, detalhando os recursos humanos e tecnológicos, que eram pressupostos para um novo modelo de operação.

Acabou a resistência e pudemos nos mover à frente e construir algo muito, muito melhor do que existia antes.

◉ ◉ ◉

Estava bem difícil avançar. Já tínhamos uma clara proposta e inovação, bem elaborada por um consultor externo durante nove meses. Chegara a hora de discuti-la com a equipe operacional. Era a equipe que iria executar tudo, mas, por alguma razão, não havia sido envolvida antes. Um erro.

Bem, agora era a hora de agregar as contribuições dessa equipe. Encontrei as pessoas divididas em dois times: cada um subordinado a um diretor diferente, cada um com um posicionamento diferente — um time contra e um a favor das mudanças.

Descobri que as diferenças começavam nos diretores, os quais, na verdade, disputavam a governança da área em questão e se polarizavam entre o novo e o antigo.

CASO

Comecei, então, a negociação do processo de trabalho com cada diretor, esclarecendo os ganhos em termos de resultados para a organização e acordando uma gestão compartilhada. Os dois seriam responsáveis pelo alinhamento das ações do novo projeto.

Em paralelo, formei um pequeno comitê técnico que levantou dados bem objetivos relacionados aos argumentos contrários à proposta do novo modelo e comparamos cenários – o atual e o futuro, caso a proposta fosse implementada ou não.

Resultado: os diretores concordaram que valeria a pena tentar algo novo. Um piloto, ao menos. E transmitiram essa crença às suas equipes, pedindo coragem e desapego para que pudessem realizar o novo projeto. As equipes se sentiram seguras e agregadas. A proposta de projeto foi melhorada e implementada.

Segundo... administrar a hierarquia de poder. Olhar bem à volta e discernir os movimentos de quem manda naquela área em discussão. Perceber também as disputas que estão em jogo, quem está à espreita de uma oportunidade de poder, a quem os grupos envolvidos se reportam.

Se há uma divergência entre lideranças de hierarquia superior ao grupo que está discutindo ideias, inevitavelmente essa divergência irá emergir no grupo. É útil conversar separadamente com o nível diretor de cada grupo representado nas reuniões de projeto e perguntar a eles claramente como cada um se sente em relação às mudanças que estão em discussão. Sempre que há uma negociação, há uma identificação de interesses com esta ou aquela ideia. O papel do facilitador, durante a elaboração de um projeto, é conseguir enxergar esses interesses e interessados, descobrir o que está em jogo e conduzir a conversa em torno do que pode ser agregador. É uma habilidade fazer negociação, é objeto de estudo e prática que toda liderança deve buscar.

Parte II

A elaboração do projeto

5.
Etapas

O processo de trazer à consciência ideias de indivíduos e torná-las uma iniciativa coletiva factível é um desafio e um prazer. O panorama dessa jornada se apresenta como montanhas, mar, campos plantados, vales e planaltos – cada oportunidade, dificuldade, descoberta, acerto e erro é uma paisagem a observar. Cada ponto fraco ou forte detectado serve para preparar gradualmente o trabalho, formando e organizando, deformando e desorganizando, dispondo as partes de muitas formas até encontrar o que se ajusta ao momento e situação.

Criar um projeto exige atitude de construtor. Ver o invisível ao senso comum e, aos poucos, dar forma e acesso a mais gente à visão do todo.

Ao facilitar a sequência de reuniões de elaboração de projeto, é preciso buscar um ambiente físico de trabalho onde o grupo possa se concentrar com calma e silêncio, protegido das demandas cotidianas. Até a luz tem que ser adequada, tudo concorrendo para que o espaço criativo seja fértil e sereno. Esse ambiente propicia determinação e foco para a aplicação do método.

As etapas de elaboração de projetos seguem uma lógica perfeitamente empírica, quase instintiva, como qualquer processo de decisão que acontece com indivíduos. Vamos compreender como isso acontece, antes de falar de projeto.

O percurso de julgar situações e decidir o que fazer com elas está exposto na Figura 1, um fluxo dinâmico de pensamento que vai desde a pergunta geradora até a tomada de decisão para agir (BOS, 1991). O processo de formação de juízo é mostrado em uma lemniscata, desenho representativo do infinito, já indicando que este é um processo contínuo. O indivíduo percorre a mesma lógica toda vez que toma uma decisão, julgando o que deve fazer.

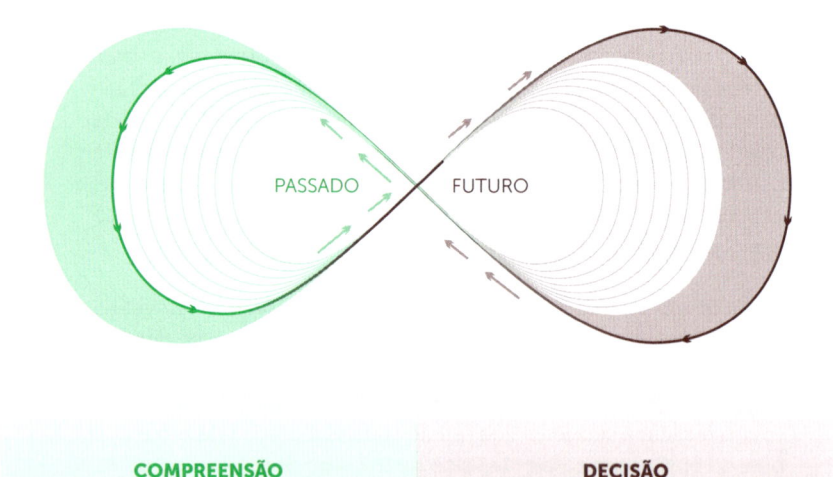

Figura 1 | Formação dinâmica de juízo.

Quando nos perguntamos algo como: "O que fazer para melhorar esta situação?" ou "Como chegamos a este ponto e como vamos sair dele?", o movimento do pensamento começa. Ao nos darmos conta de que algo no presente está afetando nossa vida, examinamos o passado, tentando compreender e identificar a história que formou essa situação; e nos perguntamos: "Por quê?". O indivíduo dificilmente começa diretamente no futuro, decidindo o que vai fazer, apesar de existir o perfil de pessoa que gosta de começar pelo futuro. Mas, em geral, indivíduos começam analisando o *passado* que explica o presente, antes de saber o que vão fazer no *futuro*.

Note que as flechas que vão para o lado do *passado* na Figura 1 estão localizadas DENTRO da lemniscata. Significa que o processo analítico é interior a cada pessoa, que busca dentro de si uma explicação que faça sentido; essa percepção é individual. Depois pode se tornar coletiva, mas começa no indivíduo, que percebe as coisas de seu ponto de vista único. Ao cruzar a fronteira do *passado* para o *futuro*, as flechas passam para o lado de FORA da lemniscata. Significa que agora o pensamento está pronto para virar ato, ir para o mundo, ser realizado. Quando o movimento da dinâmica do juízo chega novamente ao centro da lemniscata, onde a pergunta foi gerada, completou-se um ciclo.

O processo de elaboração de um projeto segue movimento análogo (Figura 2). A primeira estação é a pergunta geradora, aquela que tem a força de mobilizar o grupo, aquela que precisa de resposta, aquela que incomoda se ficar de lado, aquela que é o foco da preocupação, do incômodo que existe e precisa ser tratado. Estamos falando do marco inicial, número "1", mostrado na Figura 2. É nesta **"Etapa 1 – Qual é a nossa questão?"** que escolhemos quem é nosso público-alvo.

ANÁLISE SITUACIONAL
Contexto do público-alvo
Atores e ativos
interessados

ALVO
Público
Foco

OBJETIVOS
Mudanças no mundo
Resultados esperados

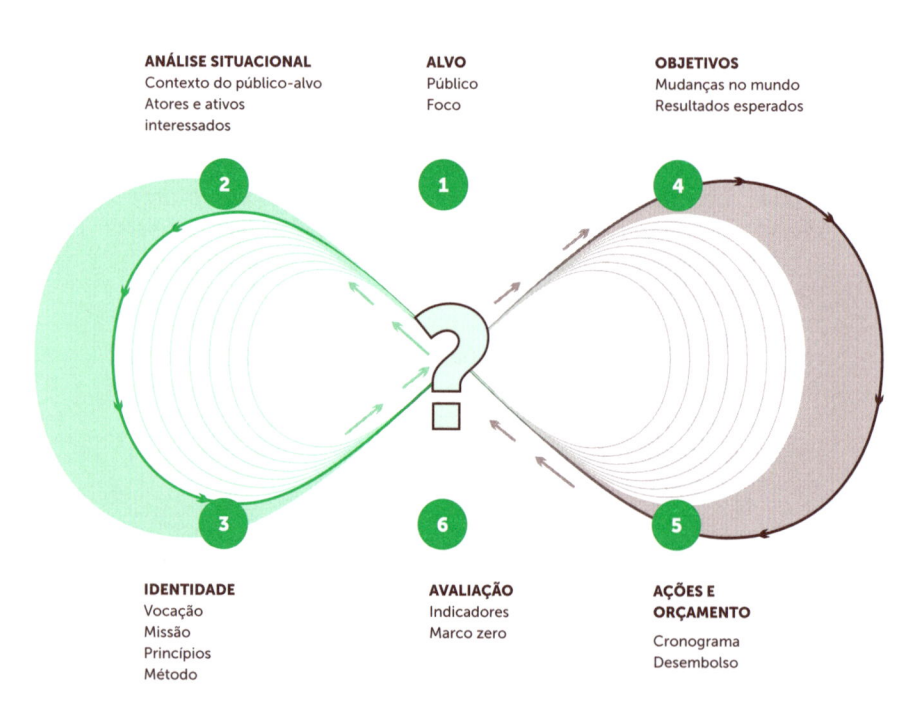

IDENTIDADE
Vocação
Missão
Princípios
Método

AVALIAÇÃO
Indicadores
Marco zero

AÇÕES E ORÇAMENTO
Cronograma
Desembolso

Figura 2 | Etapas da elaboração de um projeto.

A **Etapa 2 – Análise situacional** é aquela em que se olha para a situação, para a conjuntura que envolve a questão inicial. Isso deve ser feito sob diferentes ângulos e pontos de vista, por isso o grupo tem de ser composto por pessoas que trazem diferentes visões sobre o assunto, diminuindo riscos de erro na compreensão.

A **Etapa 3 – Identidade** destaca a sintonia que deve haver entre a vocação da organização que irá desenvolver o projeto, seus princípios de trabalho e o método que será adotado no projeto.

Definindo esses elementos intrínsecos, já se pode cruzar a fronteira entre passado e futuro e projetar com mais segurança o que se quer fazer.

A **Etapa 4 – Objetivos de resultados** define quais resultados o projeto quer colher quando fechar seu ciclo.

A **Etapa 5 – Plano de ação e orçamento** descreve COMO o projeto chegará aos resultados esperados, quais as ações estratégicas e com que recursos. Os produtos desta etapa são o Cronograma de Ações e o Cronograma de Desembolso.

A **Etapa 6 – Plano de avaliação** delimita a formulação de indicadores de processo e de resultados que permitirão monitorar o plano de ação e os objetivos do projeto.

CICLO DE VIDA DE PROJETOS

Como foi dito no capítulo introdutório, um projeto é um empreendimento planejado, com começo, meio e fim. O que passa disso se torna um serviço contínuo, e não mais um projeto.

O que se espera da vida de um projeto? Espera-se que cumpra o que propõe e que execute ações em direção aos seus objetivos; que seja possível trabalhar aquele tema e provocar resultados reais. A vida de um projeto serve de referência para muitos, pois, baseados nele, diferentes atores podem decidir se vale ou não vale a pena investir tempo e dinheiro em ideias parecidas. Sucesso ou fracasso, cada projeto serve como um farol que mostra possibilidades de realizações e de métodos de trabalho.

A Figura 3 mostra, em verde, as fases de implementação de um projeto e, em marrom, as fases de avaliação. O fim do projeto culmina no uso dos resultados de avaliação, que permitem decidir entre escalar, replicar ou simplesmente suspender a ideia para sempre, no caso de resultados pífios.

DEFINIÇÕES

AÇÕES DO PROJETO

INDICADORES
DE AVALIAÇÃO

MARCO ZERO

IMPLANTAÇÃO

ANÁLISE
SITUACIONAL

MONITORAMENTO

REPLANEJAMENTO

SUSPENSÃO

AVALIAÇÃO DE
RESULTADOS

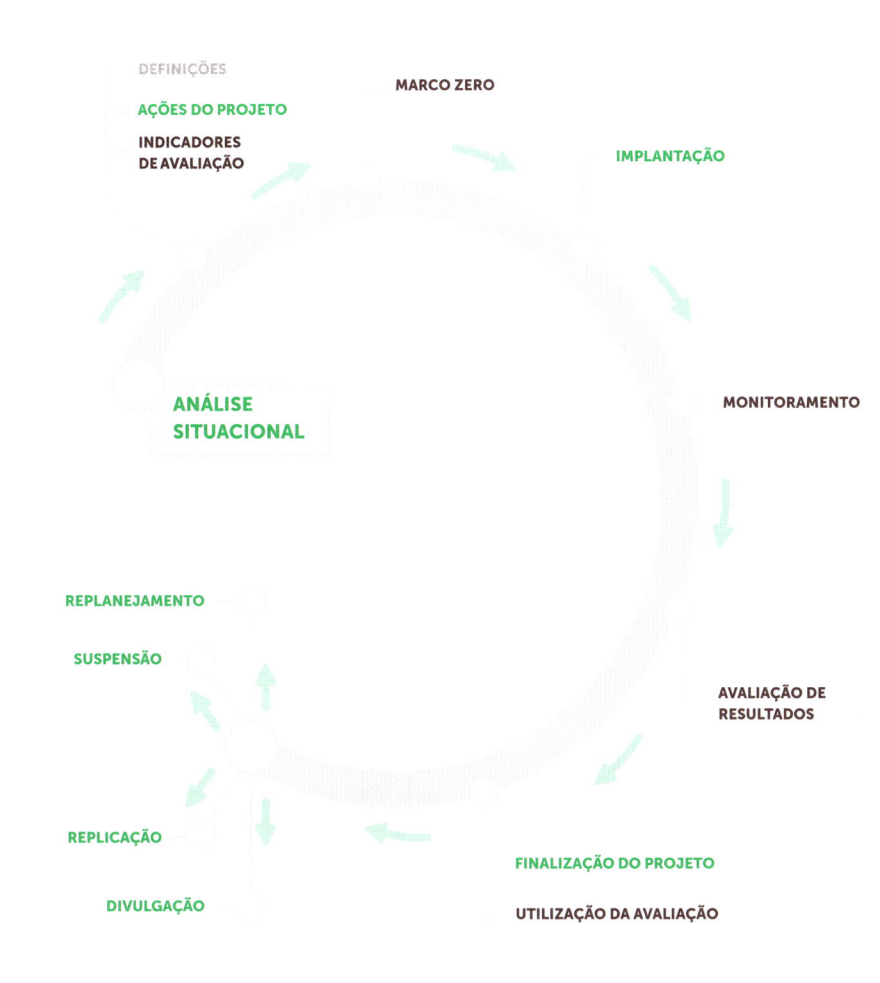

REPLICAÇÃO

DIVULGAÇÃO

FINALIZAÇÃO DO PROJETO

UTILIZAÇÃO DA AVALIAÇÃO

Figura 3 | Ciclo de vida de projeto.

A explicação de cada etapa está dividida em

CONCEITOS   FERRAMENTAS   MODELOS DE REDAÇÃO   DICAS   PRÓXIMOS PASSOS

ETAPA 1

QUAL É A QUESTÃO CENTRAL DO PROJETO?

O QUE VOCÊ DEVE SABER

PERGUNTA ABERTA
Dissemos que a iniciativa de resolver algo vem de uma pergunta viva, autêntica, que expressa uma preocupação real. A boa pergunta formaliza uma questão que está viva e carrega nela o poder de tocar mais do que uma pessoa. Ela abre caminho para uma análise, e não apenas busca uma informação preexistente, que pode ser respondida com um "sim" ou um "não".

Colocar a questão inicial sob a forma de pergunta aberta exige habilidade e leva as pessoas a buscarem respostas completas, usando seus próprios conhecimentos e vivências, e enriquecendo a discussão sobre aquele tópico. Sempre que quiser respostas profundas, faça perguntas abertas.

PÚBLICO-ALVO
A pergunta inicial que motiva o projeto versa sobre uma situação na qual determinado público está sofrendo uma condição crítica, passando por problemas ou apresentando necessidades. O grupo de iniciativa do projeto carrega essa pergunta, incomoda-se com o conjunto de problemas que afeta o público de determinado lugar e em determinado tempo – o "público-alvo". Naturalmente, a pergunta geradora de um projeto é baseada na empatia do grupo com o público-alvo. A definição do público-alvo é a semente do projeto social e/ou ambiental. Explore tantas perguntas quantas forem necessárias até que o grupo de iniciativa veja claramente quem é seu público-alvo.

DADOS
Podem ser números, fotos, reportagens, elementos atuais ou históricos. Umas vez interpretados, transformam-se em informações, ampliando o espectro das discussões e levando o grupo a fortalecer sua capacidade de análise, atualizando seu julgamento.

| FERRAMENTA 1 | CHUVA DE IDEIAS PARA DEFINIR A QUESTÃO GERADORA DO PROJETO |

O QUE VOCÊ DEVE FAZER E COM QUE FERRAMENTAS

OBJETIVO

1. DEFINIR O FOCO DO PROJETO E DESCREVER SEU PÚBLICO-ALVO.

DESCRIÇÃO

1. Distribua cartões para os participantes.

2. Lance a tarefa: ESCREVA, em cada cartão, uma ideia sobre: *O que nos motiva a elaborar este projeto? Quais os incômodos que nos trazem aqui? O que queremos resolver com este projeto? Quem está no foco de nossa atenção?*

3. Recolha a primeira rodada de cartões, pedindo para as pessoas entregarem, primeiro, as questões que consideram mais fortes; leia, um a um, cada cartão; se não for claro seu conteúdo, peça para a pessoa que escreveu explicar. Em seguida, cole na parede. Faça nova rodada de coleta e vá colando na parede.

4. Faça uma pausa de vez em quando e organize por colunas de similaridade – cada coluna será formada, portanto, com cartões que tratam das mesmas questões.

5. Ao final, terá colunas de assuntos. Não se importe mais com os cartões individualmente, mas com o título a ser dado para cada coluna. Veja se ainda há como fundir colunas semelhantes. Os títulos são a síntese do assunto daquela coluna.

6. Agora verifique com o grupo qual daqueles assuntos será o foco do projeto.

PRODUTOS

1. Painel com colunas de cartões, cada qual reunindo assuntos similares.

2. Questão central escolhida.

3. Público-alvo definido.

IMPRESCINDÍVEL

Não julgar imediatamente uma ideia. Deixar vir o que cada um tem em mente, e o exercício se encarregará, por si só, de descobrir as mais pungentes questões, pois elas estarão nos títulos das colunas.

⊙ MATERIAL NECESSÁRIO

» canetas hidrográficas grossas (1 p/ participante);

» cartões coloridos 15 cm × 25 cm;

» fita-crepe;

» parede onde se possa fixar cada cartão, montando um painel. Cuide para que a sala tenha essa condição. Salas com janelas em 4 paredes não servem para trabalhar esta ferramenta.

FERRAMENTA 2 — **ROTEIRO DE LEVANTAMENTO DE DADOS**

OBJETIVOS

1. EXTRAIR IDEIAS DE TODOS OS PARTICIPANTES DE FORMA TRANQUILA E INCLUSIVA.
2. CONHECER INFORMAÇÕES QUE COMPÕEM O CONTEXTO DO PÚBLICO-ALVO.

DESCRIÇÃO

1. Faça uma lista de informações importantes com o grupo, para discutir mais profundamente o tema escolhido para a elaboração de projeto:
Que informações comprovam o contexto do público-alvo?
2. Quem pode coletar as informações?

PRODUTOS

1. Roteiro do levantamento de informações.
2. Responsáveis por fazer o levantamento.

IMPRESCINDÍVEL

Fazer escolha bem focada e definida do público-alvo e sua abrangência geográfica.

⦿ MATERIAL NECESSÁRIO

» caneta hidrográfica grossa (para o facilitador);

» folha de *flip chart* para anotar a lista de informações e as equipes que vão assumir a tarefa de fazer os levantamentos.

REDAÇÃO DO DOCUMENTO DE PROJETO

TÍTULO DO PROJETO
Coloque o grupo para pensar em um título. Um nome que possa atrair quem lê a saber mais sobre o projeto. Um nome pode identificar o projeto por seu senso comum... por exemplo: *Projeto Sentinela* – já se espera que seja um projeto que objetiva ficar alerta para o tema em foco, como um observatório de eventos que alerta pessoas para determinadas situações. Mas, também, pode indicar brevemente o que o projeto faz e em que local... por exemplo: *Projeto de recuperação da Mata Atlântica no Vale do Paraíba*.

DICAS

» Não comece a primeira reunião de projeto já aplicando ferramentas no grupo. Inicie com uma rodada de abertura, em que cada um possa falar um pouco a que veio, onde está sua motivação para participar de um grupo de iniciativa de projeto. Isso vale para quaisquer reuniões – criar um ambiente caloroso e receptivo para ouvir pessoas.

» Cuide para que haja um relator da reunião, alguém que vá anotar o produto dos exercícios e emitir um relatório rapidamente, logo no dia seguinte. Isso é especialmente importante quando há tarefas a serem cumpridas entre reuniões. Nesta etapa, já há uma tarefa de casa, o levantamento de dados para ser levado à próxima reunião, e a equipe de levantamento vai precisar do roteiro de informações para poder trabalhar.

PRÓXIMOS PASSOS
TRABALHO ENTRE ETAPAS

1. Equipe de levantamentos se organiza para buscar as informações definidas com o grupo.

2. Equipe de levantamentos elabora um pequeno relatório com as informações coletadas e o envia para os integrantes do grupo, antes da próxima reunião.

ETAPA

2 ANÁLISE SITUACIONAL

O QUE VOCÊ DEVE SABER

PROBLEMAS
É tudo o que é ou torna algo difícil. Quando é preciso resolver uma situação, é porque ali existe um problema. Um problema cria uma condição adversa e contraria o bem-estar dos envolvidos. Determinada situação, muito complicada de se resolver, é, às vezes, uma soma de outras situações que resulta em um fenômeno complexo difícil de lidar e tratar.

Abordar um projeto unicamente sob o ângulo dos problemas pode trazer confusão e distorção na busca de soluções. Por quê? Porque corremos o risco de criar **serviços como soluções baseadas em necessidades** que simplesmente mantêm os problemas – serviços que resolvem algo imediatamente e que acabam satisfazendo a todos antes que consigam ter visão para além deles.

Um exemplo de serviço-solução que pode se perpetuar sem que resolva a causa problemática: doação de cestas básicas de alimentação. Resolve a questão da fome, mas, não vai além, pois não resolve o porquê de as pessoas não conseguirem comprar comida. Será que não têm emprego? Ou não têm saúde? Ou não têm motivação? E corremos o risco de doar cestas e mais cestas, e não resolver a causa principal. Há situações nas quais não há outra saída, a não ser remediar, mas temos de manter a mente aberta para distinguir aquelas em que é possível evoluir para além do serviço emergente.

Muitas comunidades de baixa renda se tornaram ambientes de serviços, resultando em moradores que passaram a acreditar que seu bem-estar dependia de serem clientes de serviços públicos ou filantrópicos. Eles começaram a se ver como pessoas com necessidades especiais que só podem ser supridas por estranhos e se tornaram consumidores de serviços, sem nenhum incentivo para serem os produtores.

É muito comum conduzir as pessoas para pensar na natureza e na dimensão de seus problemas, e logo pensar em serviços como resposta a eles. Os consumidores de serviços concentram vastas quantidades de criatividade e inteligência no desafio, motivado pela sobrevivência, de burlar o sistema oficial, criando formas paralelas de atender a necessidades; deste modo acabam por perpetuar sua condição de viver à margem do sistema, na economia informal, na ilegalidade ou mesmo na contratação paralela de profissionais que já existem no atendimento público (MCKNIGHT, 1993). Um exemplo: a contratação de médicos ou dentistas para atender em ONGs, em vez de fortalecer o atendimento público já previsto no Sistema Único de Saúde (SUS).

A natureza invasiva do modelo baseado na deficiência tem sistematicamente levado à criação de comunidades-clientes, e mais: combinado com o poder econômico do mundo filantrópico, tem gerado um quadro de agravamento das diferenças de poder, já que o parâmetro da divisão é a *necessidade*. É importante observar como os habitantes locais de comunidades e membros de ONGs de base comunitária têm pouco poder para influenciar a natureza do investimento social ali realizado. Temos de ter muito cuidado com o foco na análise de problemas.

ATIVOS
Em contraposição aos problemas, o enfoque nas *capacidades* resulta no fortalecimento do público-alvo de um projeto como sujeito de seu desenvolvimento. Ao analisar a situação de determinado público-alvo, preste atenção nos ativos. **Ativo é o que há de vivo, laborioso e diligente em um ambiente**, situação ou contexto. É uma **força disponível** em direção a realizações. É um recurso disponível para uso imediato.

Há evidências históricas que indicam que o desenvolvimento significativo de uma organização ou comunidade só ocorre quando seus membros estão comprometidos a investir em si e utilizar seus recursos na tentativa de realizar algo. Até nas comunidades mais pobres encontramos pessoas e instituições que contribuem para construir e regenerar situações complicadas e complexas. O mesmo vale para o ambiente de trabalho nas empresas. Localizar todos os ativos locais, conectá-los uns com os outros e integrá-los nas ações do projeto é um instrumento de desenvolvimento poderoso.

INTERESSADOS
Tradução livre para o termo *stakeholder*, em inglês, muito comum na linguagem do campo da administração. Interessados são aqueles que influenciam ou são influenciados pelas ações do projeto. Eles podem ser mapeados como sendo primários ou secundários, dependendo de seu grau de formalidade com o projeto – os primários têm relacionamento formalizado (funcionários, financiadores, voluntários e beneficiários, por exemplo), e os secundários, relacionamento informal (jornalistas, vizinhos, políticos, por exemplo). Mapear os interessados pode ser interessante para nos levar a criar ações específicas com o objetivo de formar parcerias e transformá-los em ativos do projeto.

A **Figura 4** ajuda a analisar o conjunto de atores que influenciam o público-alvo do projeto. Qual o grau de envolvimento de cada agente com ele? Que estratégias podem incluir cada ator que aparece no mapa? Por exemplo, se o público-alvo é a criança, pode-se desenvolver um projeto que envolva ou não suas famílias e/ou suas escolas, dependendo das conclusões na análise do contexto.

O contexto de um público é um sistema organizado de tal forma que, mexendo em uma parte dele, é possível afetar o todo, criando reflexos nos seus componentes.

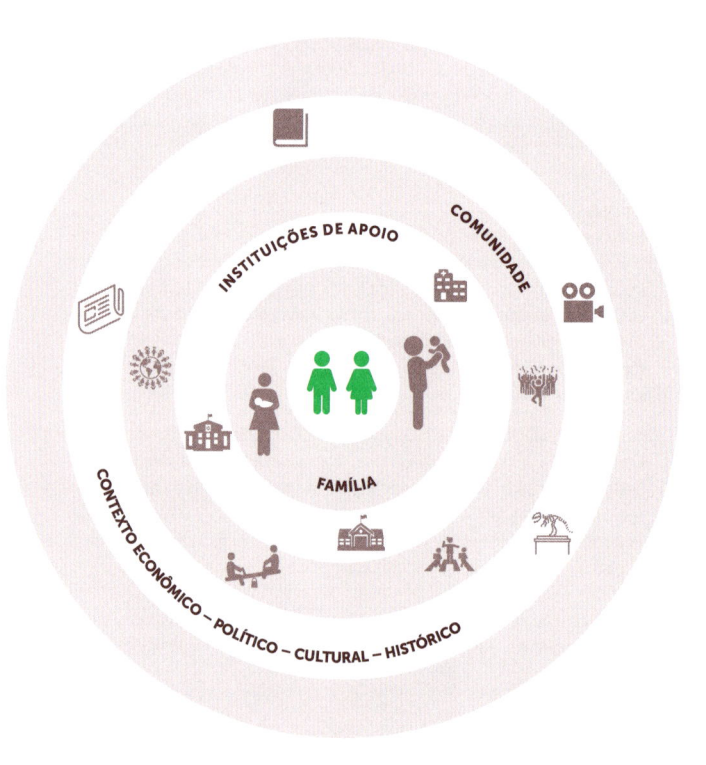

Figura 4 | Mapa de contexto do público-alvo.

Então, por exemplo, para conseguir resultados com uma criança, muitas vezes há de se atuar nas suas famílias, na estrutura de atendimento à sua saúde, na comunidade local e até nas políticas públicas. Articulando os agentes, criando relações em todas as direções, mas sem nunca esquecer: a criança é o foco, é a identidade do projeto; o que vem em torno é apenas a estratégia do trabalho para atingir o alvo.

| FERRAMENTA 3 | MAPA DE CONTEXTO DO PÚBLICO-ALVO: ATIVOS E NECESSIDADES |

OBJETIVOS

1. MAPEAR O CONTEXTO DO PÚBLICO-ALVO – OS ATORES QUE O INFLUENCIAM, SUAS NECESSIDADES E DE SEUS ATIVOS.
2. FACILITAR A ESCOLHA DA ESTRATÉGIA DO PROJETO.
3. FACILITAR A ESCOLHA DE PARCERIAS PARA O PROJETO.

DESCRIÇÃO

1. A ferramenta consiste em um desenho que coloca o público-alvo do projeto no centro, e os atores que o influenciam, ao seu redor, em anéis (halos) que representam a natureza da influência.

2. A aplicação da ferramenta é feita na reunião de pessoas representativas de diferentes setores envolvidos com a situação-foco do projeto, pois assim é garantida uma análise situacional.

3. Um facilitador assume o desenho em papel grande, na parede, onde cada halo é desenhado, e os atores e as situações são descritos pelos participantes, conforme vão falando:

   » colete os fatos relacionados em cada anel;
   » liste os agentes influentes em cada anel;
   » identifique variáveis que possam fazer diferença no todo;
   » escolha parcerias estratégicas em cada anel;
   » faça uma lista das necessidades do público-alvo;
   » faça uma lista dos ativos do público-alvo.

PRODUTOS

1. Mapa de atores.
2. Lista de necessidades.
3. Lista de ativos.

IMPRESCINDÍVEL

Compor o grupo de projeto com pessoas diversificadas, que possam trazer diferentes informações e perspectivas.

● MATERIAL NECESSÁRIO

» papel grande, tipo A2 *flip chart*;
» canetas hidrográficas grossas coloridas, para diferenciar os halos;
» parede onde desenhar à vista de todos, incluindo cada contribuição. Cuide para que a sala tenha essa condição. Salas com janelas em 4 paredes não servem para trabalhar esta ferramenta.

REDAÇÃO DO DOCUMENTO DE PROJETO

Uma técnica muito eficiente de apresentar a **análise situacional** é citar fatos para chegar a uma declaração de necessidades e capacidades do público-alvo, gerando documentos como o *Mapa de necessidades* e o *Mapa de ativos*.

Que fatos e atores vieram à tona quando a ferramenta *Mapa de contexto do público-alvo* foi aplicada?

MAPA DE NECESSIDADES

» Que problemas foram identificados?

» Quem sofre e quem atua nesses problemas?

» Onde moram essas pessoas e como é a realidade local?

» Que necessidades se originam desses problemas?

» A quais necessidades o projeto pode atender?

MAPA DE ATIVOS

» De todos os atores mapeados, quais representam capacidades locais disponíveis ao projeto, ou seja, quais os ativos locais?

» Quais as capacidades de cada ativo?

DICAS

» O facilitador tem de estar atento ao conhecimento de cada participante da reunião. Tem de ouvir, dar voz a todos e valorizar detalhes que podem parecer sem importância, mas, que podem esconder informações importantes e revelar aspectos antes não pensados pelas lideranças.

» O facilitador também deve estar atento à tendência natural de se falar mais de problemas do que de capacidades do contexto. Às vezes, pode ser obrigado a sugerir uma mudança de direção das falas, para que agreguem a visão de ativos.

» É preciso lembrar que esta ferramenta é a base da justificativa do projeto. Por isso, é importante que haja um relator que registre tudo o que é dito e todos os fatos narrados durante a reunião, para incluí-los na redação do documento de projeto.

» Definir uma equipe de redação do projeto.

PRÓXIMOS PASSOS
TRABALHO ENTRE ETAPAS

1. Redigir a justificativa do projeto, descrevendo toda a análise situacional do público-alvo.

2. Compartilhar com o grupo de elaboração do projeto e coletar sugestões.

ETAPA 3

IDENTIDADE DO PROJETO

O QUE VOCÊ DEVE SABER

Também chamado de "ideário do projeto", este item reúne referências para o grupo de trabalho e apoiadores.

ANTECEDENTES INSTITUCIONAIS

"Por que nós?" Esta é uma pergunta muito importante. Qualquer financiador ou parceiro gostaria de compreender por que apoiar um determinado grupo, e não outro qualquer. É hora de mostrar os pontos fortes da organização-mãe. Mostrar que, no escopo da proposta de projeto, sua entidade é a melhor para isso e tem idoneidade financeira e moral.

Saber qual é a missão institucional onde o projeto vai existir ajuda a fazer escolhas futuras. Por exemplo: uma missão que declara "a redução da violência doméstica nas famílias do município de Caiparena" tem como público-alvo as famílias. Mas, e as crianças? Não serão elas também objeto do trabalho? E a polícia local, não está contemplada? E os alcoólatras? E as mulheres? Ora, a coisa vai se complicando e pode chegar a um nível de discussão bastante acirrado, se o grupo não tiver clareza de propósitos. Aí é exatamente onde a missão organizacional exerce grande papel: ela abre o ponto estratégico de entrada – todos os atores citados participam, mas a missão é clara: o alvo são as famílias. O projeto pode desenvolver um trabalho com a polícia local, com os alcoólatras anônimos, com as crianças vítimas de violência doméstica, mas suas estratégias básicas têm como principal enfoque as famílias de Caiparena.

PRINCÍPIOS

São fundamentos em que o grupo acredita como conduta. Por exemplo: "tenho por princípio não enganar alguém" significa que todo o tempo aquela pessoa vai agir com esse pensamento essencial, não importa onde está ou o que quer que faça.

MÉTODO

É a maneira de agir, de implementar o trabalho, a referência teórica a ser utilizada. Por exemplo: *planejamento participativo* já indica um método de trabalho reconhecido e explicita um perfil de atuação.

Caso não haja uma missão escrita, construa com o grupo a missão institucional que vai abrigar o projeto.

| FERRAMENTA 4 | LINHA DO TEMPO FACTUAL E EMOCIONAL |

OBJETIVO
1. DESCOBRIR O PERFIL DA ORGANIZAÇÃO – SUA VOCAÇÃO, SUA HISTÓRIA.

DESCRIÇÃO

1. Distribua cartões de duas cores para cada participante.

2. Desenhe uma linha na lousa ou em papel colado na parede e marque a data inicial de fundação da instituição e a data atual, do dia presente, no final dela. Será de ajuda marcar meses ou anos, conforme a idade da instituição ao longo da linha.

3. Peça para os participantes escreverem nos cartões de uma cor fatos que foram marcantes na vida institucional e em que data aconteceu cada um. Um fato por cartão. Solicite também que escrevam nos cartões de outra cor a emoção que sentiram naquela época do fato descrito.

4. Colete os cartões e cole, no tempo certo, os fatos na parte acima da linha do tempo e as emoções abaixo da linha. A cada cartão, peça ao participante para falar um pouco sobre aquele fato/emoção.

5. Ao terminar, faça uma leitura panorâmica da linha do tempo: que tipo de fatos ocorreram na vida da organização, como parece ser o ritmo dos trabalhos, se intenso ou mais espaçado, que tipo de emoções se apresentam, onde a instituição se sente feliz, qual a direção para onde a organização tem caminhado?

6. Concluam juntos quais são as características básicas e a vocação da instituição, escrevendo em uma frase a missão institucional.

PRODUTO

Declaração de missão institucional.

IMPRESCINDÍVEL

A frase da missão tem de expressar qual é a diferença que ela faz no mundo, a quem e qual sua abrangência em termos geográficos ou populacionais.

⊙ MATERIAL NECESSÁRIO

» canetas hidrográficas grossas (1 p/ participante);

» cartões coloridos de duas cores 15 cm x 25 cm;

» fita-crepe;

» Parede onde se possa fixar cada cartão, montando um painel. Cuide para que a sala tenha essa condição. Salas com janelas em quatro paredes não servem para trabalhar esta ferramenta.

REDAÇÃO DO DOCUMENTO DE PROJETO

Alguns itens demonstram o perfil institucional da organização que vai ancorar o projeto:

- » **História** – quando e como surgiu, quem eram e quem é a liderança hoje;
- » **Tamanho** – número de funcionários, conselheiros, beneficiários, projetos;
- » **Experiências anteriores** – o que já foi tentado e/ou realizado;
- » **Parcerias** – quem apoiou ou apoia a instituição;
- » **Missão** – propósito da instituição direcionado ao futuro. Gera qual impacto, para qual público e com qual abrangência? É como um desígnio, uma intenção forte e autêntica vinculada a uma vocação natural da instituição.
- » **Princípios do trabalho.**

DICAS

- » **Lista de princípios.** Não queira definir os princípios do projeto de uma só vez e não se perca em detalhes, discuta só o que é importante para todos atuarem com confiança e o projeto funcionar bem! O grupo vai descobrindo seus princípios de trabalho a partir das discussões que ocorrem no processo de elaboração e, à medida que vão aparecendo, o grupo constrói a lista.
- » **O método de trabalho.** É importante para dar credibilidade. Procure saber se a maneira como o projeto vai operar já é consagrada com um nome – por exemplo, "Planejamento Participativo". Isso ajuda a definir o modo como o projeto espera aplicar suas ações. Outra dica é citar projetos que já utilizaram o método e que funcionaram.

PRÓXIMOS PASSOS — TRABALHO ENTRE ETAPAS

Redigir a **identidade do projeto**: a missão da organização que o abriga, seus princípios e o método que será aplicado no trabalho.

ETAPA 4

OBJETIVOS DE RESULTADOS

O QUE VOCÊ DEVE SABER

OBJETIVO GERAL E OBJETIVOS ESPECÍFICOS

As mudanças que o projeto pretende desencadear estão descritas nos objetivos; são resultados concretos que surgem como consequência das ações propostas.

Para formular objetivos, é preciso delimitar antes de quanto tempo o projeto precisa para atingir resultado. É o chamado *horizonte do projeto*, no qual podem ser fixadas datas-chave, que marcam ciclos ou fases de evolução dos trabalhos e resultados. Mas o horizonte do projeto é o seu tempo de duração total.

O **objetivo geral** do projeto refere-se ao resultado esperado para o público-alvo após se cumprirem todas as ações planejadas no projeto. É a mudança que se espera em relação à problemática atual.

» Qual é a mudança que esperamos ver no público-alvo, ao final do horizonte do projeto? Ou, em outras palavras, "Qual será o impacto esperado do projeto para o público-alvo?".

» Qual é a abrangência desse impacto e em qual horizonte de tempo?

Os **objetivos específicos** do projeto referem-se aos resultados de mudança esperados nas diferentes linhas de trabalho ou estratégias de atuação. O nome já diz: *específicos*. Por exemplo: o projeto vai trabalhar com melhoria de desempenho escolar como objetivo geral; para isso, decidiu atuar junto aos professores e junto às famílias, o que são duas linhas de trabalho (ou estratégias) diferentes. Há que se definir qual o objetivo específico com os professores e qual o objetivo específico com as famílias – quais os resultados de mudança do projeto com essas duas estratégias?

Objetivos têm de ser:

1. mensuráveis, concretos;
2. atingíveis em um tempo limitado;
3. expressos em boas frases, que contenham: o efeito de mudança desejado; o público-alvo; a abrangência (em número ou em área geográfica).

Um bom exemplo de objetivo:

> **Desenvolvimento de capacidade empreendedora nos moradores do território de Vila Andorinha.**

Note que há **o efeito de mudança** ("desenvolvimento de capacidade empreendedora"), **o público-alvo** ("moradores") e **a abrangência** ("território de Vila Andorinha").

Geralmente, as pessoas são muito boas para falar sobre o que pensam e acreditam ou sobre muitas discussões que têm tido entre si, mas quando chega a hora de serem mais específicas, mais concretas, apontar a mudança desejada, a situação complica. A sessão de definição de objetivos deve ser realista. Trazer as pessoas à terra, ao mundo concreto do visível e palpável. Quando se pensa em resultados concretos é necessário enxergar adiante, pensar no público-alvo e também incluir os ativos locais, prever aonde se quer chegar. É o fim, não o meio. Não se trata de como chegar lá, mas de saber aonde se quer chegar.

FERRAMENTA 5 | **MONTANDO A FRASE DE OBJETIVO GERAL DO PROJETO**

O QUE VOCÊ DEVE FAZER E COM QUE FERRAMENTAS

OBJETIVO
1. DEFINIR O OBJETIVO GERAL DO PROJETO.

DESCRIÇÃO

1. O facilitador lança a pergunta, pedindo para cada participante opinar sobre:

Qual é a mudança que esperamos ver no público-alvo, ao final do horizonte do projeto?

2. Didaticamente, organiza as respostas em três grupos:

» os efeitos de mudança;
» para quem (público-alvo);
» em que abrangência (geográfica ou em número).

3. Monte a frase final, compondo as melhores expressões.

PRODUTO

Frase que expressa o objetivo geral do projeto.

IMPRESCINDÍVEL

Não excluir ideias. Deixar vir o que cada um tem em mente e o grupo escolherá a forma que melhor expressa o objetivo geral.

⊙ MATERIAL NECESSÁRIO

» caneta hidrográfica grossa para o facilitador;
» papel na parede para montar a frase.

FERRAMENTA 6	CHUVA DE IDEIAS DE OBJETIVOS ESPECÍFICOS

OBJETIVO
1. DEFINIR OS OBJETIVOS ESPECÍFICOS DO PROJETO.

DESCRIÇÃO

1. Distribua cartões para os participantes.

2. Lance a tarefa:

ESCREVA em cada cartão um resultado esperado com o desenvolvimento deste projeto – um resultado **subordinado ao objetivo geral já definido!**

Peça para que escrevam um resultado por cartão.

3. Recolha os cartões e organize-os em colunas por similaridade.

4. Ao final, terá colunas de resultados; peça para darem títulos para as colunas. Cada título será um objetivo específico.

5. Agora verifique se o conjunto dos objetivos específicos é suficiente para se chegar ao objetivo geral. Caso ainda não seja, trabalhe mais com o grupo.
Se sim, finalize a sessão.

PRODUTO

Objetivos específicos definidos.

IMPRESCINDÍVEL

Não julgar as ideias contidas nos cartões.

Cuidar para que os títulos expressem os resultados esperados e delimitem sua abrangência.

⊙ MATERIAL NECESSÁRIO

» canetas hidrográficas grossas (1 p/ participante);

» cartões coloridos 15 cm × 25 cm;

» fita-crepe;

» parede onde se fixa cada cartão, montando um painel. Cuide para que a sala tenha essa condição. Salas com janelas em 4 paredes não servem para trabalhar esta ferramenta.

REDAÇÃO DO DOCUMENTO DE PROJETO

É interessante ir redigindo o documento do projeto, pois os produtos das reuniões vêm esparsos, em quadros informativos, anotações dispersas entre os participantes, cartazes nas paredes; se tudo for deixado para o final do processo, perde-se a memória de muitas coisas, e o trabalho fica falho.

A equipe de redação pode se sentar em torno de uma mesa e organizar tudo. Veja, a seguir, uma sugestão de formato para o documento numa sequência lógica e amplamente aceita para projetos sociais e/ou ambientais, mas, se preferir, adote outro modelo – apenas tome cuidado de não usar termos incompreensíveis, jargões muito "batidos" ou palavras que nada dizem.

JUSTIFICATIVA DO PROJETO

Aproveite este momento para estabelecer com seu projeto uma relação límpida, com linguagem clara e objetiva, sem confundir seu foco com polêmicas ou discussões que apenas rodeiam a questão e não reforçam a escolha social que sua organização fez ou não apontam caminhos para a solução de problemas. É hora de olhar para as necessidades e capacidades do contexto de vida do público que o projeto quer ajudar, um momento precioso de selecionar as melhores informações que dão base ao projeto. Um resumo da *análise situacional* e a descrição dos *objetivos geral e específicos*. É essa tensão que **justifica** fazer o projeto. A justificativa de um projeto é exatamente a tensão entre a situação atual, descrita na *análise situacional*, e aquela desejada para o futuro, descrita nos *objetivos*.

DICAS

» A qualidade da *justificativa* depende da qualidade do registro da *análise situacional*. Um registro ruim fragiliza a capacidade argumentativa da *justificativa*.

» A qualidade das frases dos *objetivos geral e específicos* também pode potencializar ou enfraquecer a *justificativa*, pois realça ou esconde as mudanças sugeridas pelo projeto.

» Seja claro, direto, conciso. Em um projeto, não há nada que não possa ser explicado em poucos parágrafos. Evite redundâncias e o uso de palavras que não ajudam na compreensão do texto. Um exemplo: "Aspectos da análise de público-alvo" — para que dizer "aspectos"? Comece direto com "Análise do público-alvo", fica mais enxuto, mais rápido e claro.

» Espaços duplos são bons para dar leveza ao texto. Não deixe linhas demais em uma página, pois confundem o visual para leitura. Dê espaços entre parágrafos, use recuos nas primeiras linhas.

» Use subtítulos para identificar as diferentes partes, negrito ou outra maneira qualquer de destacá-las visualmente.

» Numere as páginas.

» Coloque em separado, como anexo, e não dentro do texto, qualquer informação mais extensa que você achar interessante constar. O critério é: vai para a seção *Anexos* tudo o que não for absolutamente essencial para a compreensão de seu projeto. Anexos são apêndices, conjuntos de assuntos em separado, que se juntam ao documento principal, no fim dele. Separe o corpo principal de texto dos anexos por uma página em branco, para delimitar bem o que é o documento do projeto e o que é material adicional de informação.

PRÓXIMOS PASSOS
TRABALHO ENTRE ETAPAS

1. Redigir a versão parcial do documento.

2. Compartilhar com o grupo de elaboração e coletar sugestões.

3. Convidar para a próxima reunião pessoas que gostam de detalhes de cronograma e orçamento. Você vai precisar desses talentos na hora de concatenar o cronograma com o desembolso financeiro atrelado a ele. O *orçamento do projeto* é feito por pessoas que gostam de detalhes e de fazer contas.

ETAPA 5

PLANO DE AÇÃO E ORÇAMENTO

O QUE VOCÊ DEVE SABER

PLANO DE TRABALHO, AÇÕES E ATIVIDADES

São os passos que serão dados para se alcançar os objetivos do projeto. Para cada *objetivo específico*, deve-se ter um conjunto de ações.

Algumas perguntas podem ajudar:

- » Como chegaremos a esse resultado específico esperado? O que precisa ser feito?
- » Onde cada ação ocorrerá? Dentro de cada ação há várias atividades que devem ser cumpridas; elas estão descritas de forma clara?
- » Quando cada ação terá lugar? O que tem de vir antes e o que só pode acontecer depois? Uma ação é pré-requisito de outras?
- » Para quem se destina cada ação e quem deve ser envolvido? Quantas pessoas participarão de cada atividade descrita? (é especialmente necessário saber isso para orçar os custos!)

É importante descrever não é só *o que* será feito no trabalho, mas *como* será feito. Dimensionar o tamanho ou abrangência de cada ação implica saber onde acontecerão as atividades, seu tamanho (número de pessoas envolvidas) e localização geográfica.

Exemplos:

- » "... treinamentos trimestrais, com três representantes de cada comunidade na sede da Associação do Bairro X..."
- » "... reuniões mensais da comunidade na Escola Municipal Y, com participação da escola do bairro..."
- » "... serviço de atendimento psicológico em convênio com o município e realizado na Unidade Básica de Saúde do bairro..."
- » "... parceria com Universidade local na assistência técnica aos produtores participantes do projeto..."

CRONOGRAMA DE ATIVIDADES

É a distribuição das atividades no tempo, ao longo do horizonte do projeto, uma previsão. Ainda que previsões tenham margem de erro, um cronograma feito com seriedade é melhor do que nenhum, e nos traz muitos benefícios concretos:

1. *Na gestão.* É muito útil aos gestores e às equipes saber a ordem em que vão acontecer as ações, como será o desembolso financeiro, quais são as épocas de colher resultados.

2. *Nas relações diplomáticas.* É muito importante que atividades coordenadas com doadores, relatórios parciais, visitas técnicas e eventos de comemoração sejam previstos, pois controlam a ansiedade e fazem com que todos se preparem adequadamente para os acontecimentos.

3. *Na motivação das pessoas.* Quando todos os envolvidos estão cientes de que as atividades estão agrupadas em etapas que fazem sentido, dentro de planos de trabalho definidos, cada coisa no seu tempo, o clima organizacional é bem mais cooperativo, confiante e paciente no decorrer no projeto.

ORÇAMENTO

Trata-se do planejamento financeiro do projeto. É uma estimativa expressa em dinheiro para o desenvolvimento das atividades. O orçamento do projeto inclui todos os recursos e seus respectivos valores em moeda corrente. **Todos** os recursos, inclusive os que não serão comprados com dinheiro, como materiais em espécie (por exemplo, equipamentos, material de construção, alimentos), doações em dinheiro (como contribuições do quadro de associados) e funcionários voluntários (já que estão cobrindo o custo de mão de obra), devem constar nesse documento.

Como o orçamento é uma estimativa, ele tem uma margem de erro. Por isso mesmo é que, quanto mais claro for o quadro de orçamento, mais transparência terá e mais facilidade abrirá para correções, direcionamento de fundos e elaboração de balanços anuais.

Quanto vai custar o projeto? Que recursos são necessários para realizar o projeto? Para responder isto, é preciso ter bem claro qual é o horizonte de tempo definido no cronograma de atividades: 1 ano? 2 anos? 3 anos? Esta vai ser a base para elaborar o *Cronograma de Orçamento e Desembolso*, que vai indicar o fluxo dos gastos durante a implantação das ações planejadas.

RECURSOS
São todos os bens e serviços utilizados na realização das atividades do projeto. Equipamentos, suprimentos, salários da equipe, benefícios trabalhistas dos funcionários, viagens, consultores externos, mobília, aluguel, treinamentos, terra, veículos, etc., enfim, tudo que será utilizado no desenvolvimento do projeto.

Por que é importante avaliar os recursos?

> » Para saber o que é realmente necessário para implementar um projeto e onde encontrar tais recursos: na sua própria instituição ou fora dela.
>
> » Para identificar as fontes possíveis de captação de dinheiro e custeá-los.
>
> » Para ter um ponto de partida realista a fim de analisar a viabilidade econômica do projeto.

CUSTOS DIRETOS
São custos dos recursos que estão diretamente relacionados às atividades do projeto, indispensáveis e exclusivos para a realização dos trabalhos.

CUSTOS INDIRETOS
São custos dos recursos compartilhados entre as várias atividades ou vários projetos da organização. Por exemplo, o salário do diretor da instituição, o aluguel, a televisão, o vídeo, o telefone, etc.

Vamos utilizar aqui três categorias de custos, também chamadas de rubricas orçamentárias:

a. Recursos humanos

* *Pessoal permanente*: pessoas que estão comprometidas com a execução do projeto até o seu final.
* *Treinamento e capacitação*: cursos, estágios, viagens, etc.
* *Consultorias*: ajuda externa de profissionais especializados.

b. Investimentos

* *Bens permanentes* que servirão para gerar outros bens e/ou serviços: equipamentos.
* *Reformas ou construções de instalações.*

c. Despesas operacionais

* *Gastos previsíveis e contínuos* que precisam acontecer para que o trabalho funcione sem interrupções, como contabilidade e outros.
* *Manutenção* de máquinas, equipamentos ou material de consumo.
* *Combustíveis.*
* *Contas* de água, luz, telefone, etc.

MOEDA

Ao escrever valores financeiros no orçamento, caso esteja em uma época de forte inflação, faça a conversão para uma moeda estável, para não perder dinheiro. O dólar é muito utilizado, pois, mesmo depois de algum tempo, expressa os valores sem a defasagem inflacionária.

CONTRAPARTIDA INSTITUCIONAL

A contribuição da instituição autora do projeto na cobertura das despesas deve estar detalhada no **Quadro Orçamentário**. Isso é válido para qualquer uma das categorias de despesas, pois todo recurso disponível deve ser valorado em moeda corrente.

O Quadro Orçamentário deve apresentar duas colunas: uma para a instituição financiadora e outra para a contrapartida da instituição solicitante. Por exemplo: se o seu projeto está contando com o trabalho de funcionários da Prefeitura Municipal, procure calcular o valor ($) do trabalho dessas pessoas e registrá-lo como contrapartida institucional. Do mesmo modo, se professores de uma escola dedicarão 2h/semana exclusivamente ao projeto – essas duas horas têm custo, que é o salário ($)/hora pago pela escola da qual são empregados –, esse valor entra como uma parte dos custos do projeto, providos pela parceria que a instituição solicitante mantém com a escola.

MEMÓRIA DE CÁLCULO

São os cálculos dos custos para cada atividade a ser desenvolvida. Nela constam os parâmetros e preços que foram usados como referência. A memória de cálculo é um documento para esclarecer dúvidas e não consta no documento final do projeto; deve ser arquivada para eventual consulta ou negociação com as fontes de financiamento.

FLUXO DE DESEMBOLSO
É a projeção dos gastos ao longo do tempo. Se o horizonte do projeto é de três anos, o fluxo de desembolso mostra quanto será gasto no Ano 1, no Ano 2 e no Ano 3. Ou ainda, se quiser ser mais detalhista, a projeção pode ser semestral. O importante é que, se o cronograma de atividades for bem elaborado, fica fácil saber quando ocorrerão os gastos.

FINANCIAMENTO DECRESCENTE
É a projeção do fluxo de desembolso do financiador, de forma decrescente, ao longo dos anos que compõem o horizonte do projeto. É bom que você espere do financiador uma redução gradual de seu apoio, enquanto sua instituição, como protagonista do projeto, mobiliza recursos para o pós-financiamento. O importante é que quando o período de financiamento acabar, seu projeto não acabe junto, devido à brusca interrupção do dinheiro externo. Isto não significa, necessariamente, que o projeto vai diminuir seu custo; significa, sim, que os investimentos principais já foram feitos no início, permitindo que haja uma paulatina diminuição na dependência dos recursos externos. É interessante planejar um aumento na capacidade institucional do projeto em prover recursos para seu funcionamento; não tanto ingressos financeiros, mas por meio de parcerias institucionais ou acordos de cooperação com outras entidades.

O QUE VOCÊ DEVE FAZER E COM QUE FERRAMENTAS

Quando é hora de fazer o orçamento? Quando o *cronograma de atividades* estiver pronto. E o primeiro passo é construí-lo. As Ferramentas 7, 8 e 9 vão ajudar nesse trabalho.

Comece seguindo um roteiro para não criar confusão sobre como fazer esta sequência: *plano de trabalho, cronograma, orçamento* e *cronograma de desembolso*. Esta é uma sequência didática, mas no documento do projeto bastará inserir o *cronograma de atividades* e o *orçamento*.

| FERRAMENTA 7 | ROTEIRO PARA ELABORAR AÇÕES |

OBJETIVO

1. DEFINIR AS AÇÕES PARA ALCANÇAR OS OBJETIVOS ESPECÍFICOS DO PROJETO.

DESCRIÇÃO

O facilitador pede para que cada participante escolha com qual *objetivo específico* gostaria de trabalhar, conforme a qualidade da contribuição que pode dar para formular as ações desse objetivo. Forma-se, assim, um grupo ou dupla de pessoas para cada objetivo específico, que vai:

1. Estudar o *objetivo específico* e descrever um conjunto de ações necessárias para alcançá-lo.
2. Verificar se as ações definidas estão claras; talvez faltem algumas atividades menores que as compõem. É hora de detalhar!
3. Verificar a viabilidade das ações – se são factíveis.

PRODUTO

Plano de trabalho para cada *objetivo específico*.

IMPRESCINDÍVEL

Ouvir todas as ideias e agregá-las para depois discuti-las em plenária com o grupo todo.

⦿ MATERIAL NECESSÁRIO

» canetas hidrográficas grossas (1 p/ participante);
» papel A2 para construção coletiva.

FERRAMENTA 8 | **PLANO DE TRABALHO DO PROJETO**

OBJETIVO
1. DEFINIR O PLANO DE TRABALHO DE TODOS OS OBJETIVOS ESPECÍFICOS.

OBJETIVOS ESPECÍFICOS	AÇÕES	ATIVIDADES
Objetivo 1	Ação 1	A) B) C) D)
	Ação 2	A) B) C) D) E) F)
Objetivo 2	Ação 1	A) B) C)
	Ação 2	A) B) C) D) E)
	...	A) B) C) D) E)

Uma vez que o grupo tenha chegado ao produto discutido sobre quais atividades devem ser feitas para realizar cada ação e quais ações são necessárias para cada objetivo, agora é hora de colocar tudo na linha do tempo.

FERRAMENTA 9A	CRONOGRAMA DE ATIVIDADES (EXEMPLO 1)

OBJETIVO
1. DESCREVER O PLANO DE TRABALHO NO HORIZONTE DE TEMPO DO PROJETO.

OBJETIVO ESPECÍFICO	AÇÃO
Redução de 80% nas ocorrências odontológicas patológicas nos jovens do bairro.	**1.** Instalar consultório de atendimento odontológico na escola municipal do bairro.
	2. Realizar três campanhas na comunidade.
	3. Realizar programa de treinamento para agentes de saúde.

A unidade de tempo que será utilizada é de escolha do grupo, pois, conforme os horizontes e tipos de projeto, são necessários mais ou menos detalhamentos. As Ferramentas 9A e 9B mostram dois tipos de cronograma de atividades, mas, podem ser feitos mais modelos que atendam às necessidades – mensal, trimestral, semestral, anual. Por exemplo, quando se trata de uma obra de engenharia, engenheiros e pedreiros preferem cronogramas semanais, pois a obra é dinâmica e evolui de semana a semana. O mesmo não acontece em trabalhos mais longos, que contêm atividades mais demoradas.

ATIVIDADES	ANO 1	ANO 2	ANO 3
Elaborar o plano de atendimento odontológico com o dentista.			
Implantação do consultório: compra de equipamentos e convênio com a Faculdade de Odontologia.			
Disseminação de folhetos e cartazes: elaboração, compra de papel, impressão, distribuição nas escolas e nas casas.			
Reuniões comunitárias de dinâmicas sobre higiene bucal.			
Estabelecer parcerias com rádios locais e procurar patrocinadores.			
Realizar propaganda na rádio local.			
Realizar 2 cursos/ano de 32 h/aula para 15 alunos/curso.			

| FERRAMENTA 9B | CRONOGRAMA DE ATIVIDADES (EXEMPLO 2) |

OBJETIVO
1. DESCREVER O PLANO DE TRABALHO NO HORIZONTE DE TEMPO DO PROJETO.

OBJETIVO ESPECÍFICO	AÇÕES
Implementação de centro cultural na cidade.	Implementação do espaço físico.
	Concurso de poesias.
	Apoiar grupos culturais já existentes na cidade.

FAZER A MEMÓRIA DE CÁLCULO

Calcular os custos para cada atividade a ser desenvolvida exige listar os recursos necessários a cada uma e cotar preços. A *memória de cálculo* é um documento para esclarecer dúvidas e não consta do documento final do projeto; deve ser arquivada para eventual consulta ou negociação com as fontes de financiamento. O **Quadro 1** mostra um exemplo de organização da memória de cálculo. Todas essas contas são feitas pelo Excel e devem incluir a memória do raciocínio escrita.

Para refinar os valores, é preciso que ter parâmetros de cálculo. Veja alguns exemplos de parâmetros:

- » Consultoria: $ 1.000,00/dia.
- » Diárias (hospedagem e refeições): $ 250,00/pessoa/dia.
- » Honorários de palestrantes/professores: $ 250,00/hora.
- » Custo/vaga em curso de informática: $ 500,00 (especificar a fonte).
- » Transporte (raio 700 km): $ 130,00/pessoa.

MÊS 1	MÊS 2	MÊS 3	MÊS 4	MÊS 5
Elaboração de pré-projeto da obra.	Finalização com a Prefeitura.	Adequação do espaço físico.		Inauguração do centro cultural.
Articulação com escolas locais.	Seleção das poesias dos alunos.		Difusão e promoção do evento na Cidade.	Apresentação dos alunos durante a inauguração.
Articulação com grupos culturais da cidade; inscrições para apresentações.	Apoiar na captação de recursos para os Grupos.		Planejamento de apresentações.	Apresentações dos grupos durante a inauguração.

» Material didático: $ 200,00/curso.

» Matrícula em curso de capacitação de pedagogia e planejamento escolar: $ 900,00/aluno.

» Equipamento para consultório odontológico: $ 20.000,00.

» Material de manutenção: $ 400,00/mês.

QUEM DEVE PARTICIPAR DA ELABORAÇÃO DO ORÇAMENTO?

Aqueles que gostam e têm talento para lidar com números e defender a necessidade dos gastos, caso tenham de negociar com financiadores. A definição dos itens de gastos e recursos se faz em grupo, mas a elaboração final de uma planilha pode ser feita por alguém que goste de se dedicar a tal tarefa detalhista. Os critérios para saber quem vai se dedicar à elaboração do orçamento são o talento para números e o gosto por trabalho que exige atenção. O grupo que se interessar poderá, futuramente, compor a equipe de captação de recursos, aquela que busca apoio financeiro.

QUADRO 1 | Exemplo de memória de cálculo para elaborar o orçamento do projeto.

AÇÕES	ATIVIDADES	ANO 1
Realizar capacitação para professores na área de planejamento escolar.	Enviar 12 professores/ano para cursos (2 cursos/ano e 6 alunos/curso) de 24h/aula.	**Recursos humanos/ treinamento e capacitação** » Matrícula: $ 300,00/aluno; 12 alunos = $ **3.600,00** » Transporte: 12 alunos: $ 30,00 = $ **360,00** » Diárias: 12 alunos; $ 35,00 × 3 dias = $ **1.260,00** Total = $ **5.220,00**
	Enviar 12 professores (6/ano, 2/escola) em visita técnica a outras escolas ou a projetos com sucesso em iniciativas inovadoras em planejamento escolar.	**Recursos humanos/ treinamento e capacitação** » Transporte: 6 alunos × $ 30,00 = $ **180,00** » Diárias: 6 alunos × $ 35,00 × 2 dias = $ **420,00** Total= $ **600,00**
	Equipar escolas locais com material didático.	**Investimentos** » Filmadora = $ **600,00** » Máquina fotográfica = $ **50,00** Total = $ **750,00**

ANO 2

Recursos humanos/ treinamento e capacitação

» Matrícula:
$ 300,00/aluno;
12 alunos = $ **3.600,00**
» Transporte:
12 alunos × $ 30,00 = $ **360,00**
» Diárias:
12 alunos × $ 35,00 × 3 dias = $ **1.260,00**

Total = $ 5.220,00

Recursos humanos/ treinamento e capacitação

» Transporte:
6 alunos × $ 30,00 = $ **180,00**
» Diárias:
12 alunos × $ 35,00 × 2 dias = $ **420,00**

Total = $ 600,00

Despesa operacional

» Manutenção dos equipamentos:

$ **400,00**

ANO 3

Recursos humanos/ treinamento e capacitação

» Custos de matrícula:
$ 300,00/aluno × 12 alunos = $ **3.600,00**
» Transporte:
12 alunos × $ 30,00 = $ **360,00**
» Diárias:
12 alunos × $ 35,00 × 3 dias = $ **1.260,00**

Total = $ 5.220,00

Recursos humanos/ treinamento e capacitação

» Transporte:
6 alunos × $ 30,00 = $ **180,00**
» Diárias:
6 alunos = $ 35,00 × 2 dias = $ **420,00**

Total = $ 600,00

Despesa operacional

» Manutenção dos equipamentos:

$ **400,00**

A **Ferramenta 10** mostra o passo a passo da elaboração do orçamento do projeto.

FERRAMENTA 10 | **ROTEIRO PARA ELABORAR AÇÕES**

OBJETIVO
1. CONSTRUÇÃO DO ORÇAMENTO E CRONOGRAMA DE DESEMBOLSO.

DESCRIÇÃO

1º passo: partindo do cronograma de atividades, fazer a lista de recursos necessários para todas as atividades.

2º passo: escreva cada recurso que você identificou como necessário (um por cartão), usando cartões coloridos para discriminar os recursos nas três categorias de despesas: *recursos humanos* em cartões de cor VERDE; *investimentos* em cartões de cor BEGE e *despesas operacionais* em cartões de cor MARROM.

3º passo: dispor os cartões de recursos no cronograma de atividades, colando cada um embaixo do tempo em que acontecerão os gastos (trace uma linha horizontal, logo abaixo das atividades, separando-as dos cartões de recursos). Veja o exemplo no **Quadro 2**.

4º passo: repita cartões de recursos se forem necessários em mais de um semestre (escreva mais cartões iguais, se necessário).

5º passo: defina o custo (R$) de cada recurso, escrevendo o valor no próprio cartão que está colado na parede (isso exige cotações de preço).

6º passo: agrupe os cartões de mesma cor, em cada semestre.

7º passo: transporte os cartões de mesma cor juntos, em bloco, para a primeira coluna, deixando em seu lugar só os valores financeiros, transcritos em outros cartões.

PRODUTO

Orçamento e cronograma de desembolso do projeto.

IMPRESCINDÍVEL

Ser preciso na definição de recursos.

Ser preciso nas cotações de preços.

⦿ MATERIAL NECESSÁRIO

» canetas hidrográficas grossas (1 p/ participante);

» cartões coloridos 15 cm x 25 cm;

» fita-crepe;

» parede onde se fixa cada cartão, montando um painel. Cuide para que a sala tenha essa condição. Salas com janelas nas quatro paredes não servem para trabalhar esta ferramenta.

QUADRO 2 | Exemplo prático de como distribuir recursos no cronograma.

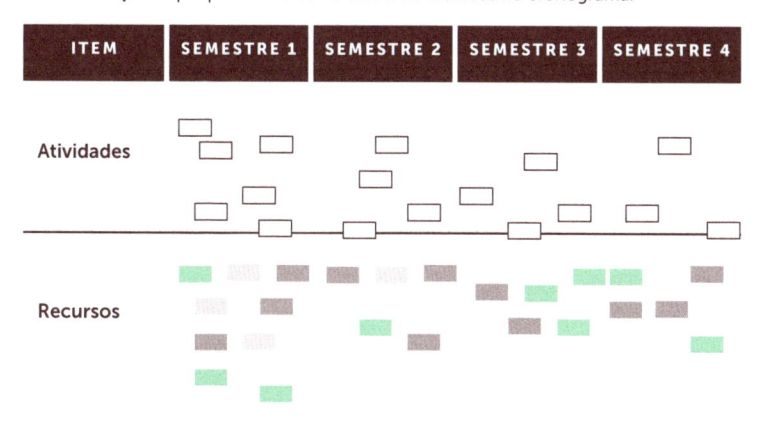

ITEM	SEMESTRE 1	SEMESTRE 2	SEMESTRE 3	SEMESTRE 4
Atividades				
Recursos				

Para facilitar a captação de recursos, o grupo pode construir outro quadro, complementar, que discrimina quais recursos já existem à disposição do projeto e quais não. Veja o **Quadro 3**.

QUADRO 3 | Avaliação de recursos e fontes.

PROJETO X				
Atividade				
Tarefas				
RECURSOS NECESSÁRIOS	RECURSOS JÁ DISPONÍVEIS	RECURSOS A SEREM OBTIDOS	FONTES DE RECURSOS	EQUIPE RESPONSÁVEL

REDAÇÃO DO DOCUMENTO DE PROJETO

Neste ponto, não é necessário redigir mais texto, apenas inserir o cronograma de atividades e o quadro de orçamento e desembolso (exemplo: **Quadro 4**).

QUADRO 4 | Orçamento e desembolso do projeto.

CATEGORIA/ITEM	SEMESTRE 1	SEMESTRE 2	SEMESTRE 3	SEMESTRE 4
RECURSOS HUMANOS				
Pessoal permanente				
Consultoria				
Treinamento e capacitação				
TOTAL RECURSOS HUMANOS				
INVESTIMENTOS				
Barco				
Microcomputador e *softwares*				
Copiadora				
Televisão + vídeo				
Projetor de slides				
Filmadora e máquina fotográfica				
TOTAL INVESTIMENTOS				
DESPESAS OPERACIONAIS				
Combustíveis				
Manutenção do microcomputador				
Suprimentos de escritório				
Serviços de impressão				
Manutenção do barco				
TOTAL DESPESAS OPERACIONAIS				

TOTAL por semestre

TOTAL dos 4 semestres   R$ _____,00

Custos de avaliação = 10%   R$ _____,00

TOTAL DO PROJETO   R$_____,00

Será interessante também fazer uma **síntese do orçamento**, que aponta para uma análise de todos os totais orçamentários. Será um quadro comparativo de gastos entre financiador e contrapartida do projeto em cada categoria de despesa e no valor total do projeto. Um exemplo, no **Quadro 5**, o financiador paga 74% dos Recursos Humanos do projeto, e essa categoria de despesa representa 62% do total dos custos do projeto. Os investimentos representam 17% dos custos, e as despesas operacionais, 21%. É preciso estar atento para um equilíbrio entre as categorias de despesas, evitando que uma delas pese muito mais que outras nos custos.

QUADRO 5 | Síntese do orçamento.

CATEGORIAS DE DESPESA	FINANCIADOR ($)	CONTRAPARTIDA ($)	TOTAL ($)	%
RECURSOS HUMANOS	51.665,00	18.000,00	**69.665,00**	62
%	74%	26%	100	
INVESTIMENTOS	750	17.800,00	**18.550,00**	17
%	4%	96%	100	
DESPESAS OPERACIONAIS	13.800,00	10.200,00	**24.000,00**	21
%	58%	42%	100	
TOTAL ($)	66.215,00	46.000,00	112.215,00	100
%	59%	41%	100	
CUSTOS DE AVALIAÇÃO	11.222,00			
TOTAL ($)	77.437,00		123.437,00	

DICAS

» A qualidade das ações planejadas sempre tem relação com as pessoas que contribuem. Lembre-se disso na hora de formar os grupos de trabalho em cada objetivo específico.

» Coloque cada grupo trabalhando em separado, pois assim eles podem ficar focados naqueles objetivos específicos que lhes foram confiados.

» Quando juntar o produto de cada grupo, faça-o em plenária e garanta que os cartões com ações possam ser mudados de lugar no cronograma, pois, na hora de agregar todas as ações, perceberá que muitas vêm antes de outras e esse movimento tem de ser dinâmico.

» Ações semelhantes mostram uma linha de trabalho viva no grupo: dê atenção a elas, colocando cada uma no tempo e lugar certos.

PRÓXIMOS PASSOS
TRABALHO ENTRE ETAPAS

1. Redigir a versão parcial do documento, reunindo os novos elementos aos anteriores – usar planilha do tipo Excel para o cronograma de atividades e para o quadro de orçamento.

2. Fazer cotações de preços e terminar o cronograma e o orçamento com a estimativa o mais realista possível.

3. Finalizar o cronograma de atividades, passando-o para o papel.

4. Convidar para a próxima reunião, que será a última etapa de construção do documento.

ETAPA

6 PLANO DE AVALIAÇÃO

O QUE VOCÊ DEVE SABER

MONITORAR E AVALIAR
Todas as atividades de desenvolvimento de um projeto devem poder ser acompanhadas por meio de um sistema de monitoramento e avaliação. *Monitoramento* é o ato de observar e controlar as ações e o orçamento durante o desenvolvimento do projeto. *Avaliação* é a apreciação dos resultados do projeto. Monitoramento e avaliação são componentes do ato de gerenciar um projeto, e é preciso pensar neles desde a fase inicial, como foi discutido na Parte I – Ciclo de Projeto.

POR QUE É PRECISO?
Porque o planejamento não garante, por si, a eficácia do projeto. Tem de ser acompanhado de perto, visto sob diversos ângulos, melhorado enquanto é executado. Ter um plano de monitoramento e de avaliação nos conduz a compreender a evolução dos trabalhos: conhecer riscos que antes não apareciam, apreciar pontos fortes, corrigir erros.

QUANDO SE MONITORA E AVALIA?
Sempre, desde o início o projeto demanda esse acompanhamento. No início, medindo os parâmetros da situação; durante, medindo se o plano de trabalho está ocorrendo a contento; ao final de determinados períodos e ao final do horizonte do projeto, verificando se os resultados esperados ou objetivos realmente foram alcançados.

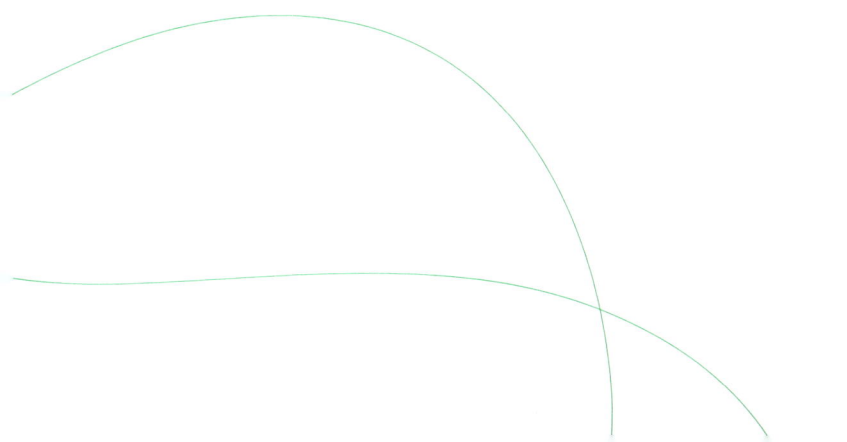

MARCO ZERO
É o registro dos números iniciais do projeto. É como uma "fotografia" tirada no momento inicial para depois compará-la com o momento final e ver o que mudou ou não. Para comparar os dados coletados no marco zero com a avaliação no final do ciclo do projeto, é preciso classificá-los dentro de parâmetros de julgamento, que são os padrões desejados para aquela situação. Então, procure referências do que seria o ideal, para ter como posicionar seus resultados parciais e finais. Por exemplo: a ONU recomenda 2 m^2 de áreas verdes/habitante; o bairro tem 0,3 m^2/habitante no marco zero; ao final do projeto, é preciso ver se esse indicador mostrou melhora ou piora.

Exemplo:

Objetivo: diminuição da evasão escolar em 50% até o final do projeto (3 anos).

Indicador: número de desistências no ano letivo.

Marco Zero: 30% dos matriculados desistem no 1º ano escolar.

Dados coletados de verificação do indicador:

ANO 1 = 25%

ANO 2 = 20%

ANO 3 = 15%

CONCLUSÃO: o projeto atingiu seu objetivo, pois, em relação ao marco zero, a evasão diminuiu em 50%, ou seja, de 30% para 15%.

AVALIAÇÃO PERMANENTE OU DE PROCESSO, OU MONITORAMENTO

É o acompanhamento constante dos trabalhos em períodos curtos (mensalmente, por exemplo), a tempo de propor soluções alternativas aos problemas que vão surgindo. Mede as consequências imediatas das atividades do projeto (exemplo: número de pessoas atendidas no serviço odontológico).

AVALIAÇÃO PARCIAL DE RESULTADOS

É aquela que se realiza na conclusão de determinadas fases. Mede as consequências previstas nos objetivos (ex.: nº de cáries baixou em 30% entre jovens de 16 a 18 anos nos primeiros seis meses do projeto) e também aponta para resultados que não haviam sido previstos, mas que aconteceram (ex.: dez professores se engajaram como voluntários no projeto). São resultados parciais, não finais.

AVALIAÇÃO FINAL OU DE IMPACTO

É aquela que acontece algum tempo após o término do projeto, quando as atividades foram concluídas. Mede os resultados de longo prazo que atingiram o público-alvo e a sociedade.

Diz-se que um projeto tem MÉRITO quando conseguiu desenvolver as ações planejadas.

Diz que um projeto tem RELEVÂNCIA quando a avaliação aponta que conseguiu alcançar os resultados (objetivo geral e objetivos específicos).

Um projeto pode ter mérito, mas, não ter relevância alguma. E pode ter relevância, apesar de seu mérito ser relativo.

QUEM AVALIA?

Depende de uma decisão interna ao projeto. Há diferentes alternativas:

» *Avaliação interna.* Quando se encarrega o pessoal da própria equipe do projeto, na função de avaliadores.

» *Avaliação externa.* Quando se encarrega o pessoal externo à equipe do projeto para exercer o papel de avaliadores especializados (geralmente consultoria contratada).

» *Avaliação mista*. Quando há uma conjugação das duas primeiras, em que as duas equipes (interna e externa) trabalham juntas para alcançar um produto de melhor qualidade.

O plano de avaliação prevê um orçamento próprio, que é incluído no orçamento final do projeto.

INGREDIENTES OPERACIONAIS DE UM PROCESSO DE AVALIAÇÃO

- INTERESSADOS E PERGUNTAS ORIENTADORAS
- INDICADORES
- MEIOS DE VERIFICAÇÃO

FIGURA 5 | Ingredientes operacionais de um processo de avaliação.

INTERESSADOS

A descoberta de *quem está interessado na avaliação* é fundamental para descobrir o que avaliar. São os interessados que dão as pistas do que esperam ver avaliado e por isso têm de ser envolvidos na formulação dos indicadores. Interessados têm interesse na informação gerada pela avaliação para tomar decisões, comunicar ou aprender. Os interessados estão no *mapa de contexto* da Etapa 2 e não necessariamente precisam ser inseridos na avaliação inicial – *marco zero*. São especialmente importantes nas avaliações de resultados finais logo que o projeto termina ou em avaliações de impacto, quando já passou mais tempo das intervenções concluídas.

Aos interessados se questiona quais perguntas eles querem ter respondidas. Essas **perguntas orientadoras** ajudam a definir o foco e descobrir os indicadores.

INDICADORES

Há certa apreensão coletiva quando se diz "medir resultados". A sensação da maioria dos gestores de projetos é que não sabem exatamente o que medir. Há tantos resultados não planejados, tantos resultados difusos em públicos diferentes do público-alvo, tantas mudanças no decorrer do ciclo do projeto!

Se a única constante no mundo do desenvolvimento é a mudança e se você não puder ao menos identificá-la, então fica completamente sem parâmetro, sem subsídios para comparar a situação de onde seu projeto partiu com a situação aonde conseguiu chegar (ou não chegar). Para poder medir resultados, antes de tudo é preciso estabelecer, para cada objetivo, um ou mais indicadores, cada qual com sua escala de medida que indique se o objetivo foi total ou parcialmente alcançado. São sinais que mostram se houve sucesso ou fracasso. Por exemplo, suponha que um objetivo do projeto seja "a diminuição da evasão escolar nos alunos de 7 a 12 anos". O ponto crítico é a "evasão escolar", certo? Como se sabe se a evasão escolar está diminuindo ou não? Medindo o número de alunos que abandonam a escola antes do final de cada ano letivo; se o projeto é de 3 anos, conta-se este número no ANO 1, no ANO 2 e novamente no ANO 3. Então posso concluir se o resultado se aproximou do desejado. Nesse caso, o indicador é: "número de alunos que abandonam a escola por ano".

Indicadores poder servir para diferentes funções, não só para medir resultados. Há três funções básicas nos indicadores, ou três grandes grupos de funções, em ordem crescente de complexidade – da instrumental à sociológica:

» medição (avaliação, observação de tendências, comparação);

» indução de comportamento (aprendizagem, gestão institucional);

» institucionalização de conceitos.

A Figura 6 ilustra essas funções relacionadas aos indicadores.

Um indicador pode induzir comportamento quando se torna parte de um movimento maior, como o trabalho infantil, que, quando começou a fazer parte dos indicadores de sustentabilidade empresarial, teve impacto sobre muitos empresários, inclusive pequenos, que repensaram seu comportamento de contratar menores.

A institucionalização significa que o indicador deixa de ser mero ponto de medição e começa a ser adotado sistematicamente pelas instituições – como o IDH (Índice de Desenvolvimento Humano), que passou a ser referência para qualquer descrição de perfil de municípios.

É importante destacar que a estatística é uma das maneiras de objetivação de resultados que dá condições para que haja um mínimo de elementos de referência compartilhados por diferentes atores. A informação estatística como linguagem de compreensão e avanço do panorama social deve ser sempre utilizada em contexto com os dados qualitativos.

Indicadores objetivos e quantitativos. São aqueles que podem objetivamente medir um resultado: número de alunos, números de ocorrências policiais, número de crianças desnutridas, renda anual dos agricultores, etc.

Indicadores subjetivos e qualitativos. São aqueles que expressam resultados subjetivos, ou seja, que são sentidos por julgamentos individuais, que variam de pessoa para pessoa. Exemplo: autoestima nos jovens participantes do projeto – esse indicador pode ser algo como o número de novas habilidades que cada jovem identifica em si. O julgamento é subjetivo, do jovem para si mesmo.

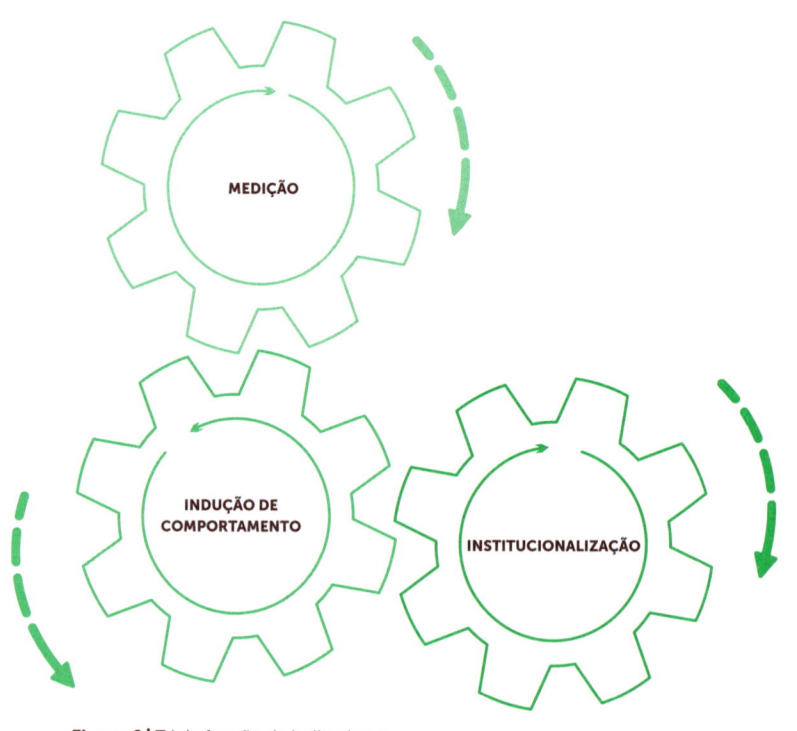

Figura 6 | Tripla função de indicadores.

MEIOS DE VERIFICAÇÃO
Como verificar e medir indicadores? Há métodos quantitativos e métodos qualitativos, mas como decidir entre um e outro?

A quantificação é muito útil para medir:

» Objetivos de resultados que apontam para aumento ou diminuição de fenômenos facilmente observáveis. Exemplo: diminuição nos casos de gravidez de adolescentes.

» Relações numéricas entre causas e efeitos. Exemplo: ampliação no quadro de professores devido ao aumento na procura de cursos.

» Desempenho financeiro. Exemplo: diminuição no custo relacionado a perdas de alimentos.

Há também sinais que apontam para o uso de medidas qualitativas:

» Apenas os envolvidos nas ações podem captar os efeitos do projeto. Exemplo: autoestima.

» Aspectos intangíveis. Exemplo: nível de *stress*.

» Responsabilidade e iniciativa individual. Exemplo: procura por ajuda.

DISSEMINAÇÃO
Disseminar o projeto significa compartilhar informações e resultados com o ambiente interno e externo a ele. Ambiente interno é a equipe de trabalho, os beneficiários, os parceiros, grupos, comunidades envolvidas e diretamente interessadas. Ambiente externo é tudo o que não participa do projeto no seu cotidiano: pessoas, grupos, instituições, comunidades e quem mais puder se beneficiar da experiência do projeto, multiplicando ou replicando a ideia de real utilidade social.

Disseminar é, portanto, mais do que divulgar: é tornar o projeto palpável à sociedade, que pode transformá-lo num novo modelo de trabalho. Disseminar é uma ATITUDE durante todo o tempo de duração do projeto. No estágio inicial, leva a criar interesse público pelo projeto que está para acontecer, primeiro passo para que a sociedade tome consciência do trabalho que aí vai se desenvolver; no estágio intermediário, leva a dividir lições aprendidas, multiplicar experiências boas e evitar más; no estágio final, comunica resultados.

» *Relatórios*. Servem para relatar e registrar o que houve. Relatórios registram informações. Devem ser práticos e de fácil compreensão, do contrário, ficam inertes sobre a mesa e ninguém lê – sempre deixados para serem vistos "no dia seguinte". Cumprindo seu papel de ferramentas da gestão do projeto, relatórios incluem atualizações financeiras, resultados parciais ou finais do plano de trabalho, conclusões das avaliações e também informações esparsas subjetivas, em um apanhado geral da situação (a dinâmica de trabalho do grupo, as manifestações dos beneficiários, o ambiente em geral e dados não mensuráveis sobre o quanto o projeto está perto dos objetivos previstos ou até além deles).

Como o relatório é a primeira atitude de disseminação do projeto para o ambiente, deve ser dirigido a vários destinatários, cada qual recebendo uma cópia adaptada ao seu uso. Por exemplo, se é para o coordenador do projeto, todas as informações devem estar presentes e em detalhes; se é para o beneficiário, seu formato pode ser mais simplificado para não pecar por excesso de informações; se o destino é o financiador, a ênfase é nos resultados sociais e financeiros; se vai para agências governamentais, o foco pode ser o método de trabalho escolhido, com a intenção de servir como modelo para políticas públicas.

Lembre-se de usar e abusar de recursos visuais: tabelas, marcadores, parágrafos bem espaçados, impressão de imagens e fotos, para tornar o documento interessante. Os meios virtuais podem ser explorados com muita eficiência – relatórios digitais que utilizam recursos como *hiperlinks*, vídeos e depoimentos gravados em áudio podem ser compartilhados e carregam modernidade e leveza, evitando o uso de papéis de impressão e de documentos de texto que incomodam o leitor, e ainda deixam pegada ambiental. Antes de fazer seu relatório de projeto, dê uma olhada na internet e veja como existem exemplos de relatórios virtuais.

» *Divulgação e comunicação.* Para disseminar um projeto deve-se ter em mente uma estratégia de comunicação. É necessário reunir-se com seu grupo de trabalho e planejar como vai ser feita a comunicação com o público externo. Afinal, existem técnicas apropriadas e "dicas" básicas que podem facilitar e melhorar muito essa tarefa: os meios – reuniões comunitárias, material promocional, como vídeos, folhetos, entrevistas, rádio, shows, etc. – devem ser escolhidos com racionalidade, e o custo, orçado com cuidado. Talvez sua equipe possa fazer uso de um manual de comunicação, talvez uma consultoria, mas não deixe de planejar bem este tópico.

O CUSTO DA AVALIAÇÃO

Como se pode prever o valor gasto em um processo de avaliação? É difícil prever com certeza qual será o valor de uma consultoria ou de viagens envolvidas, ou mesmo de materiais a serem utilizados nos meios de verificação, mas há uma prática entre os avaliadores de estimar os custos da avaliação em 6% a 10% do valor total do projeto. Um pouco menos, um pouco mais, não importa, pois se pode adaptar o plano de avaliação à realidade financeira e realizar um bom trabalho.

Veja como fazer indicadores com a Ferramenta 11 e exemplos, que podem ser vistos no Quadro 6 e no Quadro 7.

| FERRAMENTA 11 | PLANO DE AVALIAÇÃO DO PROJETO |

OBJETIVO
CAPTURAR ASPECTOS CRÍTICOS DE PROCESSO E DE RESULTADOS ESPERADOS E ANTEVER COMO SERÃO VERIFICADOS.

DESCRIÇÃO	PRODUTO	IMPRESCINDÍVEL
1º passo: a partir da lista de objetivos – geral e específicos –, extrair deles os pontos críticos. **2º passo:** a partir das ações do projeto que devem ser monitoradas com atenção, extrair seus pontos críticos. **3º passo:** elaborar dois quadros: os indicadores de resultados para cada objetivo e os indicadores de processo para cada ação. **4º passo:** agora, de indicador em indicador, defina como será verificado.	Indicadores de resultados, indicadores de monitoramento e plano de avaliação.	Objetivos e ações que sejam claros e bem definidos.

◉ **MATERIAL NECESSÁRIO**
» cronograma de atividades em mãos.

QUADRO 6 | Indicadores de resultados do projeto (exemplo).

OBJETIVO GERAL	INDICADORES DE RESULTADO	MEIOS DE VERIFICAÇÃO / FONTES DE INFORMAÇÃO
Tornar a escola estadual do bairro uma alavanca para alunos do Ensino Médio ampliarem sua perspectiva pós-curso.	Alunos se matriculam em cursinhos pré-vestibular. Professores inovam seus métodos de ensino. Alunos saem com algum projeto de futuro.	Entrevistas – alunos. Depoimentos – alunos e pais. Número de alunos que continuam os estudos – alunos. Número de professores que relatam novos métodos de ensino – escola e professores.

OBJETIVO ESPECÍFICOS	INDICADORES DE RESULTADO	MEIOS DE VERIFICAÇÃO / ONDE
1. Elevar o desempenho escolar dos estudantes.	Notas escolares. Absenteísmo. Evasão.	Folha de presença – professor. Notas – Secretaria Escolar. Evasão – Secretaria Escolar.
2. Aumentar a autoestima dos estudantes.	...	...
3. Promover a integração entre disciplinas e professores.	...	...
4. Ampliar o acesso de informação aos estudantes.	...	...

QUADRO 7 | Exemplo de quadro de indicadores de monitoramento do projeto.

OBJETIVO ESPECÍFICO		INDICADORES DE PROCESSO	MEIOS DE VERIFICAÇÃO / FONTES DE INFORMAÇÃO
Implantação de centro cultural na cidade.	Implantação do espaço físico.	» Pré-projeto pronto. » Acordo com Prefeitura firmado. » Estágio e qualidade da reforma do prédio. » Preparativos da inauguração em andamento.	» Documento de Projeto da reforma – Prefeitura. » Convênio – Prefeitura. » Visitas à obra – *in loco*. » Documentos de contratos para inauguração.
	Concurso de poesias.	» Nº de inscrições no concurso. » Dificuldades e facilidades em participar.	» Lista de inscritos. » Depoimentos dos inscritos.
	Apoiar grupos culturais já existentes na cidade.	» Nº de grupos que se inscreveram. » Nº de grupos efetivamente apoiados. » Nº de ações desenvolvidas com os grupos apoiados.	» Lista de inscritos. » Depoimentos dos apoiados. » Vídeos e fotos. » Áudios.

REDAÇÃO DO DOCUMENTO DE PROJETO

Esta etapa pode ser descrita apenas com um ou dois quadros: um para o monitoramento (indicadores de processo, que verificam se as ações do projeto estão em perfeito andamento ou não) e outro para a avaliação de resultados (com indicadores de resultados, que verificam se os objetivos estão sendo alcançados ou não).

Em cada quadro devem estar claros os indicadores, os meios de verificação previstos e as datas (de coleta dos dados e de relatórios).

DICAS

» Para cada objetivo específico existe um ou mais indicadores de resultados.

» Quanto mais impreciso for um objetivo específico, mais difícil chegar aos indicadores. Seja claro na formulação de frases em cada objetivo e nos seus indicadores.

» Para cada ação existe um ou mais indicadores de processo.

» Ações muito simples que não estão diretamente ligadas a um objetivo específico não precisam ser monitoradas. Por exemplo: comprar papel sulfite... Na verdade, isso é uma atividade cotidiana de manter os recursos do projeto em dia com as suas necessidades.

PRÓXIMOS PASSOS
TRABALHO ENTRE ETAPAS

1. Redigir todo o documento do projeto e compartilhar com a equipe, agregando contribuições e fazendo as correções necessárias.

2. Preparar próxima reunião para definir a sustentabilidade e a equipe do projeto.

Parte III

O ecossistema de projeto

6.
Sustentabilidade do projeto

Pressupostos. São elementos que podem colocar tudo a perder se não forem administrados. Por exemplo, com base no Quadro 6. Indicadores de resultados do projeto (exemplo), a diretoria da escola concorda que as atividades ocorram dentro do cronograma previsto. Se este é um pressuposto, então é um ponto de atenção e cuidado que deve ser monitorado pela equipe do projeto – dar atenção a este elemento significaria manter bom relacionamento com a diretora e certificar-se, de quando em quando, de que ela acompanha e compreende o projeto e permite a realização das suas atividades.

Pressupostos servem para que a gestão do projeto seja precavida e trabalhe no sentido de evitar possíveis danos e lacunas durante a execução do mesmo. Com a gestão de pressupostos, podemos:

» *Antecipar riscos* – sabendo que algo perigoso ao andamento do projeto pode ocorrer, a pergunta é: O que podemos fazer para evitar isso?

» *Desenvolver medidas contingenciais* – mesmo que os riscos estejam longe da equipe de execução do projeto. Por exemplo: uma lei que será sancionada e interfere negativa e diretamente na população-alvo das ações do projeto... é preciso decidir como lidar com a situação e nunca ficar alheio a ela.

» *Limitar as responsabilidades* – até onde a equipe tem governança para resolver situações? Até onde é preciso agregar novos atores para intervir? Até onde a equipe do projeto se responsabiliza pelo sucesso ou fracasso das ações, diante dos pressupostos? Responder essas perguntas é particularmente importante na fase de avaliação final de um projeto, como meio de checar se o que deu errado foi causado por motivos internos ou externos.

PRESSUPOSTOS	» **ANTECIPAR RISCOS EM CADA NÍVEL: recursos, ações, resultados.** » **DESENVOLVER MEDIDAS CONTINGENCIAIS.** » **LIMITAR RESPONSABILIDADES.**

Governança. É a capacidade de tomar decisões de gestão que sejam fluidas para todos os envolvidos no projeto e, assim, a ação será consistente e refletirá as crenças acordadas entre todos.

Governança envolve a gestão dos **órgãos diretivos do projeto**, como: equipe, diretoria e conselho da organização que o abriga. Também envolve articular os **interessados**, quais sejam: lideranças técnicas, executores, lideranças comunitárias, parceiros, fornecedores, público-alvo.

Gerir o **patrimônio** do projeto, dar transparência a todas as prestações de contas, administrar conflitos de interesses, tudo isso é governança. Um projeto que tem capacidade de governança consegue alcançar muito mais com muito menos. Significa ser mais eficiente e usar melhor os recursos que tem.

Parte da governança está ligada à capacidade de *conformidade* – com as leis, com as boas práticas, com a qualidade. Chamada também de *compliance*, este termo se refere ao ajustamento legal e ético de tudo o que se faz, desde a constituição legal até a conduta ética. *Compliance* é especialmente importante quando se trata de organizações relacionadas a interesses públicos e deve ser aplicada dentro do modelo de gestão de qualquer projeto, no sentido de monitorar os acontecimentos e prevenir erros.

Como será a governança do projeto? Quais as ações de governança previstas?

Inovação. Envolve mobilizar o **conhecimento adquirido pelas pessoas** a serviço do patrimônio e das competências para o trabalho. Assim, a natureza de uma inovação tem como ponto central o *conhecimento*.

Enquanto a inovação nas empresas está dentro da cadeia do lucro, pois envolve a adoção de novas tecnologias e novos conhecimentos de mercado para atingir um aumento no lucro, nas ONGs pode ser definida como uma soma de dois componentes básicos: as atividades constantes de pesquisa e desenvolvimento de metodologias e a adoção de novas práticas. As competências e habilidades, somadas ao patrimônio da organização, são dois blocos de elementos que reforçam um ao outro e suportam a geração de resultados sociais. Esses dois blocos são, em si, uma **função do conhecimento** de **metodologias** de trabalho e conhecimento da **demanda social** – que, juntos, são função da estratégia, estrutura, sistemas, pessoas e oportunidades internas e externas à organização que abriga o projeto.

Um projeto voltado à inovação tem de fazer investimentos em aquisição de conhecimentos e compreensão da demanda social onde atua.

Gestão social. Cuidar dos interesses compartilhados com interessados no projeto significa olhar para dentro e para fora do seu funcionamento.

A responsabilidade social interna ao projeto ou organização, expressa em ações e benefícios para os funcionários, incluindo alimentação, educação, capacitação e desenvolvimento profissional, creche ou auxílio-creche, saúde, segurança e saúde no trabalho, transporte e bolsas/estágios, faz parte da gestão social. Assim como a responsabilidade social externa, expressa em apoio a causas como diversidade, etnia e questão racial, educação popular/alfabetização de jovens e adultos, segurança alimentar, etc.

Outro aspecto da gestão social é a capacidade de mobilizar arranjos interorganizacionais para cooperação. As ONGs têm especial qualidade para isso, uma vez que contam com autonomia política e vínculo missionário à sua causa. Ao manter seus planos independentes dos governos e empresas, não se encontram "amarradas" com questões de curto prazo (como eleições e mandatos partidários), e por isso atraem investimentos e parcerias.

Quais os arranjos cooperativos e parcerias previstos no projeto?

Gestão ambiental. O impacto do projeto no ambiente interno e externo também deve ser cuidado e mencionado como fator de sustentabilidade.

O projeto tem ações voltadas para o meio ambiente? Cuida para que haja baixo impacto em poluição visual, auditiva e do ar? Cuida da destinação dos resíduos sólidos produzidos por ele? Controla seu uso de insumos (papel, plástico e outros) e energia (água, eletricidade, combustível)? Integra-se em parcerias comunitárias com a finalidade de trabalhar o tema?

Gestão e impacto econômico. Há muita controvérsia em relação ao uso ineficiente dos recursos obtidos nas ONGs, que são, geralmente, originados de doações de terceiros. Casos de mau uso do dinheiro por ONGs envolvem também o setor público, pois os convênios de serviços entre ONGs e governo se tornaram comuns e as ineficiências na gestão de ambos ganham dimensão coletiva. Uma ONG deve gerar bons resultados econômico-financeiros para garantir sua saúde e longevidade social. A falta de indicadores de desempenho financeiro é um dos problemas encontrados nas alianças envolvendo o Terceiro Setor.

O projeto mobiliza capital local? Gera economia local? Usa com eficiência os recursos que lhe são disponibilizados? Mantém sua contabilidade saudável e toma precauções para evitar perdas?

A **EQUIPE**

DE UM

PROJETO

Nomes e funções devem estar bem definidos, mas nunca antes de terminar a elaboração do projeto. A clareza sobre o papel que será atribuído a cada pessoa só é possível quando já se tem tudo descrito, portanto esta é a última coisa que se faz: colocar cada pessoa na sua função de responsabilidade. Se as funções são determinadas antes desse momento, há o risco de cada pessoa se interessar apenas pela sua área e diminuir sua contribuição ao todo.

Como atribuir funções?

Uma das maneiras que tem se mostrado eficiente é a indicação. O grupo, a essa altura, está bem maduro para tomar decisões. Assim, é muito saudável lançar a questão: "Quem o grupo indica para cada área de trabalho já delineada?". Cada pessoa do grupo indica outra e argumenta em seu favor, esclarecendo a todos por que aquela pessoa é adequada àquela responsabilidade; assim todos ficam cientes de suas qualidades. Mas, se alguém tem algo contra certa indicação, pode indicar outro nome para a mesma função, e com isso prosseguir na escolha. O próximo passo é fácil: o indicado aceita ou recusa, mas apresenta argumentações, e assim vai. O grupo vai se sentindo seguro para, abertamente, discutir sobre o quanto esta ou aquela pessoa vai ser boa para o andamento dos trabalhos, sempre tendo como foco o sucesso do projeto como um todo. Nesse contexto, não é aconselhável indicar a si próprio: pode ser constrangedor a todos, se não houver aceitação.

Após essa sessão, o nome do coordenador do projeto deve estar escolhido e o grupo poderá discutir pontos como autonomia de decisões e acordos.

A qualificação da equipe é importante. Um erro muito comum é acreditar que boa vontade é garantia de êxito. É necessário algo mais do que vontade de acertar para realizar bons resultados; é preciso competência técnica. Distribuir responsabilidades é um ato gerencial, não social. Não se pode contaminar esse momento com ambiguidades típicas dos relacionamentos sociais, como a delicadeza em não ferir sentimentos, em evitar frustrações, em dizer não a uma pessoa. Se for possível, mesmo com carinho, o grupo que mantiver uma atitude firme de atenção no quesito "competência" estará ampliando as probabilidades de sucesso do projeto.

Para conseguir a qualificação de uma equipe que não esteja pronta e muito bem preparada, há duas saídas:

1. A inclusão de um plano de capacitação e treinamento profissional como um dos procedimentos do projeto;
2. A contratação de novas pessoas, mais completas em quesitos técnicos.

Outro ponto importante é a função de coordenador do projeto. É necessário que haja um responsável; não uma equipe, mas uma pessoa. É a pessoa que vai assinar os cheques, que vai responder perante o financiador, perante os parceiros, perante a imagem pública. É certo que todos os que trabalham em um projeto são responsáveis por ele, mas deve haver um nome que tenha a visão geral e que seja gestor oficial da administração do projeto, facilitando o trabalho todo, resolvendo questões gerenciais e deixando a equipe mais livre para trabalhar nas ações diretas do projeto. O coordenador é o interlocutor entre o projeto e o mundo externo a ele.

Veja, a seguir, como ficou o sumário final do documento do projeto.

TÍTULO DO PROJETO

1. INTRODUÇÃO — TRAZ A QUESTÃO CENTRAL E APRESENTA O DOCUMENTO, EXPLICANDO AS PARTES QUE O COMPÕEM.

2. IDEÁRIO — DESCREVE A IDENTIDADE DO PROJETO, COM MISSÃO, PRINCÍPIOS, MÉTODO DE TRABALHO.

3. JUSTIFICATIVA — APRESENTA A ANÁLISE SITUACIONAL E OS OBJETIVOS GERAL E ESPECÍFICOS DO PROJETO.

4. PLANO DE AÇÃO — QUADRO — CRONOGRAMA DE ATIVIDADES.

5. ORÇAMENTO — QUADRO — ORÇAMENTO E DESEMBOLSO.

6. MONITORAMENTO E AVALIAÇÃO — PLANO DE MONITORAMENTO E AVALIAÇÃO.

7. SUSTENTABILIDADE — PANORAMA DOS ELEMENTOS DE SUSTENTABILIDADE.

8. EQUIPE — COORDENADOR E EQUIPE TÉCNICA.

7.
O ambiente da captação de recursos

Modelo tradicional – filantropia e investimento social. É um modo de realizar a transferência de capital financeiro para as iniciativas sociais e/ou ambientais lideradas pela sociedade civil, onde o dinheiro público ou privado custeia atividades em prol do bem comum. Essa maneira de atuar implica um risco de investimento, já que não é certo que os resultados sociais ou ambientais serão verdadeiros e duradouros ao longo do tempo e com isso resolverão problemas presentes em tempos futuros. Por isso, esse modelo, que ainda é bem forte no mundo e no Brasil, tem suas fragilidades em relação à eficiência e eficácia.

Modelo dos negócios de impacto social. É um modo de transferir capital financeiro para empreendimentos que visem, ao mesmo tempo, gerar impactos sociais e/ou ambientais positivos e gerar receita própria, seguindo uma lógica da rentabilidade financeira. Essa maneira de atuar implica, como na filantropia, um **valor compartilhado** de interesses entre investidores e iniciativas apoiadas. Os tipos de suporte praticados aqui diferem do outro, pois priorizam os elementos do negócio, e não tanto as atividades de desenvolvimento humano. É muito praticado o apoio direto ao empreendedor, com capacitação e treinamento voltados para a gestão de negócios, a construção de parcerias com fornecedores, clientes e investidores, a formação de redes de aprendizagem, a construção da sistemática de medição de resultados. Neste modelo, o foco é o negócio e seu sucesso financeiro, e a premissa é que a rentabilidade financeira gera os benefícios sociais e/ou ambientais para populações necessitadas e para a própria sustentação financeira do negócio. Os empreendedores não estão necessariamente envolvidos com essas populações.

Em ambos os casos, o ecossistema de finanças sociais inclui os *investidores*, ou financiadores, que têm e ofertam o capital; os *instrumentos financeiros* por meio dos quais os recursos são transferidos; as *organizações que legitimam* e apoiam os projetos. Cada fonte de recurso se interessa por um ou outro modelo, e essa é uma descoberta que todo empreendedor de projeto social e/ou ambiental tem de fazer antes de sair em captação de recursos.

As fontes de apoio. São instituições ou indivíduos que podem apoiar financeira ou fisicamente a proposta de projeto. Escolher aquelas mais viáveis para cada proposta é tarefa a ser compartilhada com os interessados no projeto, pois assim se ampliam as opções e oportunidades.

Quem aposta em uma ideia passa a ser parceiro dessa ideia.

Parceria é uma nova forma de ver um financiador. Se há alguém que coloca recursos em determinado projeto, este é um interessado direto no alcance de impacto social, é alguém que se empolgou com o projeto e confiou nos proponentes, alguém que confia e delega à equipe do projeto aquilo que ele gostaria de fazer com as próprias mãos, mas não pode. É um parceiro, um interessado no seu projeto, muito mais do que um doador de esmolas.

QUEM PODE SER UMA FONTE DE RECURSOS?

» O ESTADO

Agências governamentais. São as organizações que representam o governo de um país, compondo seu programa de desenvolvimento. Essas organizações ajudam iniciativas que estejam alinhadas com as diretrizes gerais dos governos a que pertencem; algumas operam apenas dentro dos limites geográficos do país, outras, em nível internacional. Apesar de apresentarem a desvantagem das burocracias demoradas e das mudanças políticas, as agências governamentais têm, geralmente, maior quantidade de recursos (dinheiro, assistência técnica e equipamentos) à sua disposição do que as não governamentais.

Prefeituras. Representam o poder público dos municípios. Prefeituras podem ter interesse em apoiar iniciativas da comunidade, ou seja, aqueles projetos em favor do bem-estar coletivo que são propostos e executados pela própria sociedade local. Nesse caso, a Câmara de Vereadores deve votar e aprovar os projetos, determinando à Prefeitura a destinação de verbas públicas para eles.

Empresas públicas. Algumas atuam como pequenas fontes de apoio naqueles recursos afins com seu objeto de trabalho. Por exemplo: companhias de transporte coletivo podem firmar convênios com a comunidade para auxílio em transporte no período de duração de um projeto; companhias de abastecimento podem apoiar projetos que envolvam a compra de alimentos, estabelecendo acordos ou convênios para comercialização e armazenagem de produtos.

Incentivos fiscais. Parte do conjunto de políticas econômicas que visam facilitar investimentos em uma determinada área, esta fonte de recursos permite que valores de impostos devidos por empresas ao governo possam ser destinados a organizações que apresentam projetos compatíveis com os quesitos daquele determinado incentivo legal. Para acessar este tipo de recurso o proponente deve buscar os caminhos específicos para cada tipo de projeto – esporte, cultura, lazer – e atender ao formato requerido pela lei específica.

» AS AGÊNCIAS INTERNACIONAIS

Organismos especializados da ONU. As agências especializadas da Organização das Nações Unidas podem ser fontes de financiamento e assistência técnica a projetos de grande porte vinculados a governos, mas também são boas fontes de informação para descobrir financiadores para projetos menores.

Agências regionais. São organizações para o desenvolvimento regional. Na América Latina há algumas, que operam por meio de suas comissões de assuntos setoriais. Seu perfil de financiamento segue o mesmo padrão das agências da ONU.

Agências de cooperação internacional. São agências público-privadas especializadas em projetos de cooperação técnica e de desenvolvimento sustentável em escala mundial.

» A INICIATIVA PRIVADA

Empresas com fins de lucro. Algumas empresas têm especial interesse em financiar projetos. Além de vantagens fiscais, há uma crescente preocupação em associar a qualidade de vida à imagem da empresa junto ao público, funcionando como uma espécie de propaganda ao consumidor. As contribuições dadas por empresas ao projeto podem ser várias: assessoria técnica especializada, doação de materiais, cessão de espaço físico para realização de eventos, empréstimo de quadras esportivas, etc. A empresa que faz isso indiretamente é geralmente representada por algum instituto corporativo que gerencia os recursos em prol da filantropia e desenvolvimento social. Mas há casos em que a empresa prefere atuar diretamente sob sua própria figura jurídica, apenas alocando um ou dois funcionários para cuidar dessas ações.

Dentre as empresas com fins de lucro, há também de se mencionar os bancos. Há bancos especializados em financiar desenvolvimento social e/ou ambiental que conseguiram, assim, conceber instrumentos facilitadores de financiamentos de projetos voltados para o impacto social, ambiental e para o bem comum.

Organizações sem fins de lucro. São as organizações privadas com finalidade de bem-estar público, que exercem a filantropia com recursos originados do setor privado – empresas ou indivíduos. Essas organizações atuam em áreas mais ou menos específicas (por exemplo: saúde, educação, agricultura, meio ambiente, etc.), conforme sua missão, política e cultura organizacional. Geralmente estão estruturadas sob o nome de institutos corporativos, associações ou fundações.

As fundações podem ser operadoras ou financiadoras de projetos. Nas financiadoras, elas podem ser divididas em dois grupos: as corporativas, que são aquelas que funcionam dentro da estrutura administrativa das empresas que as mantêm, e aquelas independentes, que têm uma estrutura organizacional própria, inclusive na tomada de decisões.

O propósito das fundações é financiar projetos: ou próprios ou de organizações qualificadas. Algumas preferem apenas realizar projetos próprios, outras preferem mesclar sua atuação entre projetos próprios e o financiamento a projetos de terceiros. Como a missão das fundações é exatamente ajudar iniciativas, projetos e organizações a se viabilizarem em torno de determinadas causas, elas são a fonte mais procurada por entidades em geral. O processo pelo qual as fundações concedem doações varia muito.

Algumas podem financiar apenas equipamentos; outras, capacitação; outras prestam assessoria *probono* (sem custo) em áreas técnicas, outras investem em publicações. Há instituições que financiam apenas pequenos projetos de pesquisa até instituições que movimentam milhões de dólares anualmente; entendê-las é o primeiro passo para o financiamento de seu projeto.

Indivíduos doadores. São aqueles indivíduos interessados em manter acesa a chama de causas. Podem ser doadores esporádicos ou membros permanentes, como sócios mantenedores.

DE QUAL TIPO DE APOIO O PROJETO PRECISA?

O melhor é diversificar as fontes e formas de receber apoio. Se os registros jurídicos de sua entidade estão em ordem, com balanços financeiros atualizados, contratos de trabalho e serviços formalizados, então o projeto está em condições legais para receber recursos.

Empréstimos. Nessa categoria encontram-se todos os recursos que têm de ser pagos em um prazo determinado. Há taxas de juros pré-fixadas e contratos de empréstimo firmados. Fiador ou patrimônio são necessários como garantia de pagamento.

Doações. Aqui estão os recursos colocados à disposição de entidades sem fins lucrativos na realização de projetos a fundo perdido. Significa que não é necessário devolver o dinheiro, apenas apresentar resultados de impacto social.

Apoio local. É o nome de qualquer apoio – empréstimos ou doações – originado na região onde o projeto acontece. As fontes de recursos, nesse caso, estão na própria comunidade e se traduzem em apoio constante, muitas vezes até de maneira informal, sem documentos nem contratos. Por exemplo, a padaria local, que doa o pãozinho diário da creche, ou o mecânico, que, de graça, vai consertar o micro-ônibus da escola. Apoios locais envolvem Prefeitura, instituições, empresas e indivíduos, e são de grande valia para o comprometimento da coletividade com a sua entidade. Lembre-se de que a Prefeitura é sempre um aliado importante; geralmente formal, com convênios estabelecidos para auxílio em recursos físicos e humanos.

Apoio externo. São recursos originados fora do ambiente de atuação do projeto. Podem vir sob a forma de assistência técnica especializada, dinheiro, consultorias, materiais. Vale procurar esse tipo de apoio com uma boa proposta de financiamento na mão, pois o agente financiador está geograficamente longe de sua entidade, e, por isso, documentos podem trazer informações organizadas para sua compreensão.

COMO FUNCIONAM ESSAS FONTES DE RECURSOS?

Políticas e linhas programáticas. Instituições que aderem à responsabilidade social se orientam pela defesa de causas específicas, conforme a personalidade de seus dirigentes, sua cultura organizacional, seus recursos, sua história, o alinhamento com o negócio. Estabelecem políticas que lhes permitem administrar seu apoio a diversas instituições. Assim, se você quer utilizar fontes de recursos, pesquise mais sobre essas instituições: quais são suas linhas programáticas (por exemplo, programas de saúde, programas de educação, programas voltados às mulheres, etc.), que áreas geográficas preferem, que interesses têm em termos de resultados e impacto social.

As políticas e linhas programáticas de cada instituição doadora de recursos podem ser percebidas em seu relatório anual, que mostra quais doações ou empréstimos essa instituição fez no passado, quanto dinheiro destinou para cada área de projetos, onde, etc. São "pistas" para conhecer a área de interesse e não perder tempo com encontros improdutivos e frustrantes.

Concursos e prêmios. Prêmios e concursos temáticos são maneiras que alguns institutos e fundações encontraram para estimular o debate público sobre determinados temas e estimular iniciativas inovadoras de trabalho no terceiro setor. Os promotores fixam regras, oferecem formulários de inscrição, analisam projetos e selecionam o ganhador.

Alguns prêmios e temas que têm surgido no Brasil são os que têm relação com o empreendedorismo. Um bom exemplo é o investimento crescente em *start-ups*, pequenas empresas emergentes que desenvolvem um modelo de negócio que pode ser usado em larga escala e replicado. Mesmo começando em condições de extrema incerteza, ao redor de um produto, serviço, processo ou plataforma, têm atraído financiamentos, pois geram empregos e contribuem para a mobilização de capital na sociedade.

Fundos filantrópicos. Articulam recursos de múltiplos doadores e realizm a desembolsos de forma rápida e eficiente. Reúnem recursos de diferentes fontes: indivíduos, instituições sem fins de lucro, mobilizações grupais (*crowdfunding*), empresas. Nesses fundos, os membros parceiros planejam programas e selecionam os projetos que querem financiar de forma filantrópica, sem retorno de capital. É usual haver intermediários que gerenciam esse tipo de fundo, assumindo completamente a gestão financeira e a alocação de recursos.

O **QUE**
DIZ
A **LEI?**

Nossa legislação distingue dois tipos de instituições da sociedade civil (Código Civil, Lei nº 3.107, de 1º de janeiro de 1916): organizações comerciais e organizações civis. As organizações civis podem ser associações ou fundações. A diferença básica entre as associações e as fundações está no formato de sua administração e tomada de decisões.

Associações são fundadas com base em necessidades sociais identificadas com membros-fundadores e, portanto, as decisões dependem desses membros reunidos em assembleia geral; qualquer mudança estatutária ou estratégica pode ser realizada pelos próprios membros.

Fundações nascem do vínculo de um patrimônio particular, privado, a uma causa específica ligada ao bem-estar público. Já que dinheiro de filantropia é dinheiro menos tributado, há uma vigilância institucionalizada sobre ele, feita pela Curadoria de Fundações do Ministério Público sobre as fundações de direito privado. Eventuais alterações no destino do patrimônio devem ser submetidas à avaliação dessa Curadoria das Fundações, que aprecia, fiscaliza, audita as atividades filantrópicas.

A *Lei nº 13.109/2014, o Marco Regulatório do Terceiro Setor*, estabelece formas jurídicas de relacionamento entre organizações da sociedade civil e o Poder Público, com transferência de recursos financeiros ou não. Também define diretrizes para a política de fomento e de colaboração com organizações da sociedade civil e aponta os instrumentos de formalização desses contratos, sempre com chamamento público. Esta Lei foi forjada a partir de discussões que envolveram organizações da sociedade civil, órgãos públicos e consultas públicas, e foi uma iniciativa de disciplinar e tornar mais rigorosa a prestação de serviços públicos e práticas padronizadas de governança.

É importante também lembrar a *Lei nº 12.846/2013*, a *Lei Anticorrupção*, que estabelece a adoção de instrumentos de *compliance* ou integridade ou *conformidade*. Regula atos como compras públicas, conduta ética e responsabilização civil.

Em 1995, foi criado no Brasil o *GIFE – Grupo de Institutos, Fundações e Empresas*. A maioria dos membros do GIFE tem na origem de seus recursos companhias nacionais, mas filiados a ele estão também algumas organizações estrangeiras que mobilizam dinheiro privado para o investimento social. Por isso, o GIFE é uma boa fonte de pesquisa para começar a compreender e selecionar os possíveis financiadores de seu projeto.

A **SELEÇÃO**
DAS **FONTES**
DE **RECURSOS**

Antes de enviar a proposta a qualquer fonte, certifique-se da clareza dos objetivos de seu projeto e se estes se sintonizam com os da fonte de recursos em potencial. É comum haver mais pedidos do que recursos e, assim, os doadores dão prioridade aos projetos cujos objetivos sejam compartilhados por ambas as partes envolvidas na negociação. Por isso, antes de começar a selecionar as fontes, é necessário estar com seu projeto muito bem definido e com suas características bem destacadas.

É interessante conseguir recursos de mais de uma fonte, pois, além de dar credibilidade à sua entidade, isso a torna mais segura, por não depender de um só doador ou financiador. Encaminhar mais de uma proposta ao mesmo tempo para doadores diferentes é uma atitude inteligente.

Você seleciona os financiadores e também é selecionado por eles. A estabilidade da sua organização, suas finanças, o apoio do público, o sucesso ou fracasso de programas anteriores, todos esses fatores serão minuciosamente examinados. São indicadores da capacidade do solicitante em manter o trabalho, mesmo depois de acabado o período de financiamento do projeto.

Analise o ambiente externo e perceba realmente como sua organização pode causar um impacto positivo. Quais são seus pontos fortes, quais os recursos de que mais dispõe para contribuir no projeto, como potencializar os próprios meios. Avalie o quanto sua organização é atraente como recebedora de uma doação, mas não se baseie nas necessidades financeiras dela, oriente-se pela diferença que ela pode fazer no mundo.

REFERÊNCIAS

Aqui estão alguns textos clássicos de base, antigos, mas valorosos para compreender a arte de elaborar ideias coletivas à luz da sustentabilidade e colocá-las no papel.

AFUAH, A. **Innovation management**: strategies, implementation and profits. Oxford: Oxford University Press, 1998.

ARAÚJO, A. M. P. et al. Metodologia SROI: uma proposta para cálculo do valor socioeconômico das organizações do terceiro setor. In: Encontro Nacional dos Programas de Pós-graduação em Administração – ENANPAD, XXIX, 17 a 21 set. 2005, Brasília. **Anais** [...]. Brasília: ANPAD, 2005.

BOS, A. **Um modelo de formação dinâmica de juízo**. Tradução: Jos Schoenmaker/Núcleo Maturi de Desenvolvimento Humano e Organizacional, mimeo. [S. l.]: Nederlands Pedagogisch Institute, 1991.

BROWN, L. R. **Building a sustainable society**. New York: W. W. Norton & Co., 1981.

CARLSON, M. **Winning grants step by step**. San Francisco: Support Center of America's/Jossey-Bass Publishers, 1995.

COMISSÃO MUNDIAL SOBRE MEIO AMBIENTE E DESENVOLVIMENTO. **Nosso futuro comum**. Rio de Janeiro: FGV, 1991.

DE PREE, M. **Leading without power**: finding hope in serving community. San Francisco: Jossey-Bass Publishers, 1997.

DIMAGGIO, P. J.; ANHEIER, H. K. **The sociology of nonprofit organizations and sectors**. New Haven, Annual Reviews of Sociology, v. 16, p. 137-159, 1990.

DRUCKER, P. F. **Administração de organizações sem fins lucrativos**: princípios e práticas. São Paulo: Pioneira, 1994.

DURKHEIM, E. Objetividade e identidade na análise da vida social, 1960. *In*: FORACCHI, M. M.; MARTINS, J. S. **Sociologia e sociedade**: leituras de introdução à sociologia. Rio de Janeiro: LTC Editora, 1977, cap. 2, p. 23-52.

ELKINGTON, J. **Canibais com garfo e faca**. São Paulo: M. Books, 2012.

FIIMP. **Nossa jornada de aprendizado em finanças sociais e negócios de impacto**. [S. *l*.]: FIIMP, jun. 2018. Disponível em: https://forcatarefa-assets.s3.amazonaws.com/uploads/2018/05/guiafiimp2018.pdf. Acesso em: 10 maio 2019.

GEEVER, J. C.; MCNEILL, P. **Guide to proposal writing**. New York: The Foundation Center, 1997.

GODINHO, M. M. Indicadores de C&T, inovação e conhecimento: Onde estamos? Para onde vamos? **Análise social**. Lisboa, v. XLII, n. 182, p. 239-274, 2007.

HART, S. **O capitalismo na encruzilhada**. Porto Alegre: Bookman, 2006.

HUNTER, D.; BAILEY, A.; TAYLOR, B. **The art of facilitation**: how to create a group sinergy. [S. *l*.]: Fisher Books, 1995.

KATZ, D.; KAHN, R. L. **The social psychology of organizations**. New York: John Wiley & Sons, 1966.

KISIL, M. **Comunidade**: foco de filantropia e investimento social privado. São Paulo: Global, 2005.

LIEVEGOED, B. **Managing the developing organisation**: tapping the spirit of Europe. Cambridge: Blackwell, 1991.

LOCKE, L. F.; SPIRDUSO, W. W.; SILVERMAN, S. J. **Proposals that work**: a guide for planning dissertations and grant proposals. Thousand Oaks: Sage Publications Inc., 1999.

MCKNIGHT, J.; KRETZMANN, J. **Building communities from inside out**: a path toward finding and mobilizing a community's assets. Chicago: Northwestern University, 1993.

OSTROM, C. W.; LERNER, R. M.; FREEL, M. A. **Building capacity of youth and families through university-community colaborations**: the development in context evaluation (DICE) model. *In*: Journal of adolescent research, (10): 4 out. 1995, p. 427-8.

SANDERS, J. **Program effectiveness manual**. Tradução: Fundação W. K. Kelloggs Brasil. Grand Rapids: Michigan University, 1992.

SCHMIDHEINY, S. **Changing course**: a global business perspective on development and the environment. Cambridge: The MIT Press, 1992.

SEN, A. **Desenvolvimento como liberdade**. São Paulo: Companhia das Letras, 2000.

SENGE, P. *et al*. **A quinta disciplina**: arte, teoria e prática da organização da aprendizagem. São Paulo: Best Seller, 1990.

TRIGUEIRO, A. **Meio ambiente no século XXI**: 21 especialistas falam da questão ambiental nas suas áreas de conhecimento. Rio de Janeiro: Sextante, 2003.

VAN BELLEN, H. M. **Indicadores de sustentabilidade**. São Paulo: FGV, 2005.

WARD, B. **The rich nations and the poor nations**. New York: W. W. Norton & Company, 1962.

WBCSD – World Business Council for Sustainable Development. **Site institucional**, 2019. Disponível em: https://www.wbcsd.org/Overview/About-us. Acesso em: 30 jul. 2019.

LINKS DE INTERESSE

ABONG – Associação Brasileira de ONGs.
http://www.abong.org.br

Análise SROI – Social Return On Investment.
https://www.4change.org/images/recursos/4pagers-sroi.pdf

BEMTEVI – Investimento social.
http://www.bemtevi.is/

CEBDS – Conselho Empresarial Brasileiro para o Desenvolvimento Sustentável.
http://www.cebds.org.br

DINAMO Ventures – Inovadores de Impacto.
http://din4mo.com/

GIFE – Grupo de Institutos, Fundações e Empresas.
https://gife.org.br/

GRI – Global Reporting Initiative.
https://www.globalreporting.org/Pages/default.aspx

IBASE – Instituto Brasileiro de Análises Sociais e Econômicas.
http://ibase.br/pt/

Instituto ETHOS – Indicadores de negócios sustentáveis e responsáveis.
https://www.ethos.org.br/conteudo/indicadores/#.XE3WClxKjIU

ISE – Índice de Sustentabilidade Empresarial.
http://www.bmfbovespa.com.br/pt_br/produtos/indices/indices-de-sustentabilidade/indice-de-sustentabilidade-empresarial-ise.htm

SEADE – Fudanção Sistema Estadual de Análise de Dados.
http://www.seade.gov.br/lista-produtos/

SITAWI – Finanças do Bem.
https://www.sitawi.net/

WBCSD – World Business Council for Sustainable Development.
https://www.wbcsd.org/